STEFAN ZWEIG

W0202126

LÉGENDE D'UNE VIE

Pièce en trois actes

Traduite de l'allemand par
BARBARA FONTAINE

BERNARD GRASSET
PARIS

L'édition originale de cet ouvrage a été publiée en 1984
par S. Fischer Verlag sous le titre :

LEGENDE EINES LEBENS

Photo de couverture :
© GettyImages / Archive Holdings Inc.

ISBN 978-2-246-78536-1

© *Atrium Press, London and Williams Verlag, Zurich, 1976*
pour le texte original.
© *Éditions Grasset & Fasquelle, 2011, pour la traduction française.*

Personnages

LEONORE FRANCK, veuve de Karl Amadeus Franck
FRIEDRICH MARIUS FRANCK, son fils
CLARISSA VON WENGEN, sa fille d'un premier mariage
HERMANN BÜRSTEIN, éditeur des œuvres de Karl Amadeus Franck
MARIA FOLKENHOF
KLOPFER, critique littéraire
JOHANN, un vieux domestique
UNE FEMME DE CHAMBRE

La scène se passe à l'époque contemporaine, dans la maison de Karl Franck et dans une petite pension de la même ville.

Ce serait un contresens de voir en cette œuvre une pièce à clef et de la relier à des personnes réelles ou à des événements récents. Si certains éléments biographiques de la vie de Friedrich Hebbel, Richard Wagner et Dostoïevski ont pu servir de modèles pour la figure invisible du maître, les autres personnages, de même que l'intrigue, sont totalement imaginaires. Seule une scène du premier acte a été légèrement inspirée par la tragédie de Georges Duhamel, *Dans l'ombre des statues*. Nulle part ailleurs, la proche réalité n'a servi de modèle.

Stefan Zweig, 1919.

ACTE PREMIER

La maison de Karl Amadeus Franck, célèbre poète de la dernière génération. Une pièce somptueusement aménagée dans le style récent, contenant de nombreux souvenirs, tableaux, bustes et livres qui témoignent clairement de la piété respectueuse que l'on voue au défunt. Toute cette installation a un caractère légèrement muséal. La porte centrale, toujours ouverte, conduit au grand escalier principal, les portes latérales mènent aux pièces d'habitation.

Installée à une table, au premier plan, Leonore Franck, la veuve de Karl Franck, s'entretient avec Bürstein. Leonore Franck est une grande femme imposante, aux cheveux grisonnants, au visage sérieux et un peu sévère. Elle porte une robe de deuil à l'anglaise, de couleur noire, avec une coiffe noire et blanche. Sa façon de parler dénote de l'assurance et de l'énergie, ses gestes sont gracieux et droits, parfois un peu théâtraux, son maintien digne et majestueux. Bürstein, à ses côtés, paraît quelque peu insignifiant dans son empressement nerveux et son agitation perpétuelle, mais dépourvue de tout tempérament. Vis-à-vis des autres, il essaie inconsciemment d'imiter le noble maintien de Leonore, qui le traite avec une supériorité familière et naturelle.

Scène première

LEONORE FRANCK : Nous devons en finir, Bürstein ! Il est six heures et demie, quelques invités particulièrement empressés pourraient arriver d'une minute à l'autre, et vous n'avez toujours pas terminé les préparatifs. C'est vous qui avez pris cette soirée en charge ; je ne veux pas avoir à m'occuper des détails. Vous savez bien quel est mon souhait : en substance, tout comme à l'époque de Karl...

BÜRSTEIN : Mais je vous ai dit, Madame Leonore, que ce n'était pas possible. Quand Karl donnait ses lectures, seuls les amis étaient invités, tout le monde se connaissait, c'était une famille, une communauté, une confrérie, un cénacle, alors qu'aujourd'hui c'est un méli-mélo, un tourbillon de gens, un spectacle. On ne peut pas comparer...

LEONORE : Je sais... Mais maintenant que cette bêtise est faite, nous devons tout de même chercher à donner une forme à tout cela... C'était une faiblesse de ma part, j'aurais dû refuser, mais la princesse Wittenberg a commencé par dire qu'elle voulait faire lire une œuvre de Friedrich par Grovik... et soudain c'est paru dans les journaux, on annonçait qu'une manifestation de bienfaisance aurait lieu dans notre maison et que les invités devraient payer un droit d'entrée de cinquante marks... Un droit d'entrée dans la maison de Karl Amadeus Franck ! Croyez-vous que je ne sens pas moi aussi l'absurdité de la chose ? Je ne sais même plus ce que nous sommes aujourd'hui, des hôtes ou des loueurs de salle ! Mais maintenant c'est fait, nous devons au moins garder une certaine contenance. Vous n'avez d'autre choix que de tout prendre sur vous, puisque c'est vous qui avez suggéré l'idée…

BÜRSTEIN : Mais pas sous cette forme… Du reste, j'ai bien dit que nous ne nous occupions pas des futilités. Pas de réception, pas de placement : il faut qu'on voie clairement qu'il ne s'agit pas d'une soirée intime, qu'on n'achète pas pour cinquante marks un droit d'entrée dans la maison de Karl Franck. Lors de la lecture d'*Endymion*, autrefois, il n'y avait pas non plus de placement…

LEONORE : Autrefois ! Oui, autrefois ! Autrefois, Karl était le centre, tout s'ordonnait pour ainsi dire naturellement autour de lui. Il avait l'art d'être aimable avec les gens sans les laisser s'approcher. Il avait de la tenue dans sa courtoisie. Vous savez qu'à cet égard nous n'avons rien à attendre de Friedrich. Il est bien capable de rabrouer les invités… cela fait trois jours qu'il tourne dans la maison comme un tigre… « Canaille », « clique », « racaille » – telles sont les charmantes expressions avec lesquelles il désigne ceux qui viennent écouter son œuvre...

BÜRSTEIN : Son père avait la même...

LEONORE : Je vous prie de ne pas comparer. Le monde venait écouter son père avec confiance, lui, on vient juste l'écouter avec espoir. Friedrich se doit d'être reconnaissant. Surtout à notre égard. Un jeune homme n'a pas souvent la chance de voir sa première œuvre lue par un Grovik et écoutée par la meilleure société : qu'il n'aille pas s'imaginer que tout cela s'adresse à lui et qu'il ne commence pas à se comparer...

BÜRSTEIN : Vous ne pourrez malheureusement pas empêcher que tout le monde le fasse ce soir. Du reste, je suis tout à fait de son avis : ne recevons aucun invité personnellement, saluons peut-être l'un ou l'autre en passant, mais ne nous montrons nullement solidaires de cette manifestation. Nous avons prêté la salle, c'est tout...

LEONORE : Sauf que mon fils, le fils de Karl Franck, fait lire sa poésie en public pour la première fois ! Vous voulez séparer cette soirée de notre maison ? Dans son intérêt, nous devons considérer qu'il appartient à la tradition et montrer qu'il est une partie de l'héritage de son père…

BÜRSTEIN : Mais pas devant ces gens ! Ce ne sont pas les amis d'autrefois…

LEONORE : Je compte sur le fait que tous nos amis viendront, je ne veux pas renoncer à y croire ; tant que l'œuvre de Karl est encore vivante – et elle vivra encore après nous – cette maison sera un foyer, une confrérie. Notre maison n'est pas de celles qui se prêtent ou s'utilisent, on ne peut en transmettre que la forme extérieure, non pas la substance. Non, Bürstein, ils viendront, tous les amis d'autrefois, même le grand-duc ne fera pas défaut. Je ne suis pas mesquine, c'est avec Karl Amadeus que j'ai appris à penser les gens meilleurs qu'ils ne sont – dès qu'il y a une puissance au-dessus d'eux, ils sont respectueux. Quelques curieux n'ont qu'à venir pour parler et comparer, ils sentiront inconsciemment quelque chose de vivant qui n'a pas disparu avec cette vie, ils sentiront l'âme que Karl a mise en son fils comme dans son œuvre et dans sa maison.

Et elle leur imposera un ordre qui n'était pas en eux et qui se dissipera peut-être dès qu'ils repasseront la porte : mais ici même, cet ordre devra les dominer.

Scène II

Entre Johann. Il a la démarche voûtée d'un homme âgé, parle d'une voix douce et respectueuse. Il tend une carte de visite à Bürstein, qui la transmet à Leonore.

LEONORE : Klopfer ? Qui est-ce ? Je ne le connais pas.

BÜRSTEIN : Il est critique au journal du soir et correspondant de quelques périodiques étrangers. Un homme honorable, plein de bonne volonté, et qui peut être utile à Friedrich.

LEONORE : Alors recevez-le ! Je dois aller voir Clarissa. Et, encore une fois, tout le reste, le placement, la représentation, comme autrefois. Efforcez-vous d'obtenir de Friedrich qu'il remercie au moins Grovik, s'il souhaite éviter tous les autres. Il est tellement imprévisible, c'est vraiment la seule chose qui m'inquiète ce soir. Je m'en remets à vous.

Leonore se rend dans la pièce d'à côté.

Bürstein, cependant, a fait signe à Johann de faire entrer le visiteur.

Scène III

Entre Klopfer. Un personnage indifférent, très nerveux dans ses gestes et ses paroles.

Bürstein se dirige vers lui d'un air aimable et lui serre cordialement la main.

KLOPFER : Ah ! C'est vous, cher Bürstein… C'est donc à vous de me recevoir… à vrai dire je voulais parler à Madame Franck ou à Friedrich… dommage !… Non, en fait c'est mieux ainsi… avec vous je peux parler franchement, sans tergiverser, je garderai mon pathos pour le journal… Donc, cher Bürstein, il me faut des détails, des dates, quelques anecdotes pour mon article d'aujourd'hui... quelques paillettes, vous savez bien... je dois écrire pour quatre journaux étrangers, ils veulent tous quelque chose qui sorte de l'ordinaire... Vous voyez, je parle franchement, d'une certaine manière vous êtes aussi du bâtiment... Nous n'avons pas beaucoup de temps, vous et moi... n'est-ce pas, le mieux serait donc que je vous interroge selon les vieux usages de l'époque de Karl... mais je préférerais quand même parler aussi à Friedrich...

BÜRSTEIN : Je vous le déconseille, cher Monsieur, c'est trop tard maintenant. Friedrich est un peu nerveux, avec les répétitions. Sa première soirée... Il vaut sans doute mieux que ce soit moi qui vous dise tout...

KLOPFER : Au rythme sténographique, donc ! D'abord, la manifestation. A l'initiative de qui, pour qui, but, intention, sens profond !

BÜRSTEIN : L'idée est venue de la princesse Wittenberg. Je vous prie de noter cela, Madame Leonore tient beaucoup à ce que ce ne soit pas une manifestation interne, une soirée intime de la maison Franck. La princesse voulait donner dans ces lieux une lecture des œuvres de Karl Franck au profit de son institution de bienfaisance. Madame Leonore y rechignait parce qu'elle trouvait qu'une gigantesque manifestation n'était pas dans l'esprit de la maison. Soit dit en passant, cela va vous intéresser : depuis la mort de Karl Amadeus, cette salle n'a plus jamais été ouverte, pas même pour recevoir les plus intimes. Vous savez que son corps y a été exposé…

KLOPFER, *prenant des notes* : Très bien, parfait… continuez… elle rechignait…

BÜRSTEIN : D'un autre côté, nous ne voulions pas refuser notre soutien à une intention si éminemment caritative… j'ai donc proposé un compromis : faire lire une œuvre poétique de Friedrich que j'avais par hasard entre les mains. Il n'était pas au courant de ma proposition. Cela devait être une surprise pour lui. La princesse était enthousiaste, elle a tout de suite gagné Grovik à sa cause. Cette poésie…

KLOPFER : Excusez-moi de vous interrompre... laissez-moi plutôt vous poser des questions... je m'y retrouve mieux. Donc, Friedrich n'en savait rien... Restons-en à Friedrich... Est-ce que Karl Franck connaissait certains de ses poèmes ?

BÜRSTEIN : Mais Friedrich n'avait que treize ans à la mort...

KLOPFER : Bien sûr... oui, oui... bien sûr... mais depuis quand Friedrich écrit-il ?

BÜRSTEIN : Nous ne le savons pas nous-mêmes... nous avons juste remarqué qu'il se passionne pour l'œuvre de son père depuis sa mort... il en connaît chaque ligne par cœur, connaît les moindres détails de sa genèse... Nous soupçonnions depuis longtemps qu'il s'y essayait lui-même... mais il ne montrait jamais un vers... il brûlait tout ce qu'il écrivait... je lui ai souvent demandé de nous donner ses essais scellés, au moins, pour les archives familiales... sans jamais réussir à le convaincre. Il a une peur singulière, presque maladive du public... et même des amis les plus proches... Il y a encore trois mois, je n'avais jamais vu une seule ligne de lui...

KLOPFER : Très intéressant... très intéressant... et cette fois ?

BÜRSTEIN : Pour autant que je sache, Friedrich a terminé ce poème, « La vie organisée », il y a plus d'un an, mais il n'a cessé d'y travailler depuis. C'est la première œuvre qu'il m'ait montrée, et juste pour me demander si je n'y trouvais pas des ressemblances avec *Endymion*. Il a en effet – je crois que c'est la raison profonde de son retrait – maladivement peur d'une ressemblance avec les œuvres de son père. Il craint beaucoup qu'on ne le considère comme un simple imitateur de celui qu'il idolâtre passionnément. Il m'a demandé à propos d'une cinquantaine de vers s'ils ne rappelaient pas tel ou tel vers de son père – mais n'écrivez pas cela s'il vous plaît, je vous le dis juste comme ça. Je voudrais d'ailleurs vous demander une faveur : on ne rend pas service à Friedrich en insistant, dans la critique, sur une parenté spirituelle avec son père. Au contraire. Rien ne le découragerait et ne le blesserait davantage...

KLOPFER : Je comprends... donc insister plutôt sur sa singularité, sur sa surprenante indépendance... volontiers... volontiers. Ne pas évoquer la tradition, même si Madame Leonore y attache tant d'importance...

BÜRSTEIN : La tradition ?... A la rigueur dans l'attitude spirituelle, dans la pulsion morale... mais pas dans le détail... pas dans l'œuvre elle-même... je crois que vous lui feriez plaisir en ne la mentionnant pas.

KLOPFER : Bien... certainement, certainement... et d'autres poèmes... dramatiques... épiques ?...

BÜRSTEIN : Je n'en sais pas grand-chose moi-même, et puis... il serait fâché d'apprendre que j'en ai parlé avec vous... Je vous en prie, attention, Friedrich arrive... ne faites aucune allusion à tout cela.

Scène IV

Friedrich est entré par la porte de gauche, il regarde autour de lui sans remarquer tout de suite les deux hommes qui s'entretenaient dans une niche, tout près l'un de l'autre. Il a vingt-quatre ans, son visage pointu, agité, accuse de profil une certaine ressemblance avec le buste et les portraits de son père. On discerne chez lui une légère distraction, une hésitation qu'il n'arrive à surmonter que dans les instants de grande irritation. Il regarde rarement ses interlocuteurs en face, devient maladroit et nerveux dès qu'il se sent observé ou au centre de l'attention. Ainsi, dès qu'il aperçoit Bürstein en conversation avec un étranger, il ne songe qu'à se retirer aussitôt.

KLOPFER, *vite et à voix basse, à Bürstein* : Présentez-moi, s'il vous plaît !

BÜRSTEIN : Friedrich… permets-moi de te présenter Monsieur Klopfer… un ami de ton père…

KLOPFER : Un ami de ses œuvres… Un admirateur… dirais-je plus modestement… Je n'ai eu que rarement, trop rarement l'occasion d'approcher votre père de près… mais je n'ai jamais manqué, alors… et de même aujourd'hui… c'est pour nous, les admirateurs de Karl Amadeus, un plaisir particulier, un jour de fête de pouvoir…

FRIEDRICH, *lui serrant la main pour abréger* : Je vous remercie beaucoup de vos bons sentiments… c'est aimable à vous… très aimable… de vous être donné la peine… je… je… je… (*Il perd le fil, se crispe.*) Je vous remercie sincèrement.

KLOPFER : C'est à nous de dire merci quand un Friedrich Franck nous livre sa première œuvre. Vous n'imaginez pas avec quelle impatience on est partout tendu vers ces quelques heures… avec quelle excitation… vraiment avec excitation… j'ai déjà reçu huit télégrammes aujourd'hui… de Berlin, de Hambourg, de Paris… à propos des articles…

BÜRSTEIN, *expliquant* : Monsieur Klopfer représente aujourd'hui les plus grands journaux allemands, il est critique littéraire.

KLOPFER : Critique, critique ! Ne dites pas cela, c'est un mot dur, mauvais. Ça fait prétentieux et donneur de leçons. Je ne me permettrais pas d'être critique à l'égard d'une œuvre aussi importante… je rends compte, donne l'impression générale… tente de restituer l'expérience artistique… je n'aurais pas la prétention…

FRIEDRICH : Je vous prie très sincèrement de ne montrer aucune bienveillance à mon égard parce que… parce que… enfin, à cause… parce que c'est ma première œuvre… et parce que…

BÜRSTEIN, *intervenant à nouveau* : Oui… d'autant que les préparatifs ont été insuffisants… Grovik n'a même pas pu répéter une seule fois… il a reçu le manuscrit il y a trois jours seulement… à l'origine il voulait réciter ce texte… d'ailleurs, vous vouliez lui parler, n'est-ce pas ?

KLOPFER : Certainement… certainement…

BÜRSTEIN : Il est déjà au vestiaire… dans la petite pièce attenante à la salle… attendez, Johann va vous guider. (*Il appelle :*) Johann ! Conduisez Monsieur auprès de Monsieur Grovik… pardonnez-moi de ne pas vous accompagner moi-même, il y a encore quelques petites dispositions à prendre… je vous reverrai plus tard…

KLOPFER : Merci beaucoup... (*A Friedrich*) Puis-je vous adresser mes félicitations par avance ? Elles me sont inspirées par mon intime conviction.

FRIEDRICH, *nerveux* : Merci, merci... (*Il lui tend la main.*)

BÜRSTEIN, *accompagnant Klopfer à la porte* : Alors au revoir.

Scène V

FRIEDRICH, *allant et venant avec agitation, et se jetant sur Bürstein qui revient* : Est-ce bien nécessaire... absolument nécessaire ?

BURTSEIN : Mais Friedrich... crois-tu que cela me fasse plaisir de jouer les montreurs d'ours ? La gloire amène les gens, et les gens amènent les désagréments. On ne peut pas totalement l'éviter...

FRIEDRICH : Je voulais l'éviter. Je voulais partir, et vous m'avez appelé. Je vous prie instamment de ne pas refaire ça ce soir...

BÜRSTEIN : Cher Friedrich, ce n'est pas moi qui appelle... Tu deviens un personnage public, il faut que tu commences à t'y habituer…

FRIEDRICH, *explosant* : Mais je ne peux pas… je ne peux pas… comprenez-moi, vous devez bien voir… je ne peux pas parler de nous avec les gens… ni de moi, ni de mon travail, ni de mon père… cela m'est insupportable ! Et puis même si je le voulais, si je le voulais vraiment, je n'en serais tout simplement pas capable. Je n'y arrive pas. Je me mets à bredouiller… ça tourne à vide dans mon cerveau… je cherche mes mots, des mots polis, et je suis bloqué… je sens alors que tout le monde m'observe, m'observe avec compassion et… et… et… me compare… je vous en prie, Bürstein, épargnez-moi ce soir, ne me présentez absolument personne… je n'ai rien contre ces gens… je me force à être poli… mais je sens combien je suis ridicule.

BÜRSTEIN : Je vais faire tout mon possible, Friedrich. Je te le promets. Mais on ne pourra pas éviter tout le monde. Il faut en tout cas que tu ailles saluer Grovik après la lecture et que tu le remercies.

FRIEDRICH : Naturellement… je lui dois une telle reconnaissance… il lit tellement bien… j'ai été saisi d'une sorte d'effroi en entendant mes vers dans sa bouche… de l'extérieur tout semblait tout à coup si grand et si puissant, la manière dont il les déroulait… certainement, bien sûr que j'irai le remercier… mais tout seul… pas si tout le monde en profite pour se presser autour de moi, toutes ces altesses et dames patronnesses (*il devient de plus en plus virulent*), toute cette bande d'oisifs que vous avez rameutée pour écouter mon œuvre et qui va se répandre en admiration insensée et insipide.

BÜRSTEIN, *lui tapant sur l'épaule* : Eh bien ! C'est qu'on est triomphant. Tu n'as pas l'air de douter de ton succès !

FRIEDRICH : Me prenez-vous pour un fou, Bürstein, ou vous moquez-vous de moi ? Croyez-vous que je vais laisser ces gens me tromper ? Ils ont commencé à m'admirer et à m'honorer de leurs discours indélicats avant même que j'aie écrit un seul vers… juste parce que la gloire me colle à la peau, la gloire d'un nom, un soupçon de souvenir, une touche de sensation… parce que je suis le fils de quelqu'un dont ils ne savaient rien non plus… juste parce que la gloire me colle à la peau je parle déjà à leur vanité, et ils aiment me déverser leur enthousiasme… Bürstein, cela me rend malade, cela me rend fou quand je pense à ces radotages quotidiens ; « votre père » ici et « votre père » là, et chacun me raconte quand, où et comment il l'a connu, vu, aimé et vénéré, chacun me torture, me charcute et veut savoir quand, où et si je… Je connais tout cela par cœur, mot pour mot, je devine à leur visage, à leur bouche le moment où la question va s'insinuer entre leurs dents… je vois à l'avance, avant qu'ils le disent, leurs lèvres se préparer à former ce mot : votre père… Et je… je suis nerveux dès le premier instant, Bürstein, parce que j'attends seulement qu'ils disent « votre père ». Je sais qu'ils vont le dire, inévitablement, impitoyablement, et de la pluie et du beau temps, non, ils ne parlent pas – ils n'ont tous qu'un mot à la bouche : « Votre père ! » « Votre père », et chacun de m'expliquer à quel point je lui ressemble et de me demander si, moi aussi… Et c'est pour eux, Bürstein, pour eux que vous donnez une fête aujourd'hui ! Oh, Bürstein, si vous saviez le mal que vous me faites en organisant cette funeste soirée !

BÜRSTEIN : N'en fais pas un drame, Friedrich. Dans deux heures c'est fini. Tout début est difficile.

FRIEDRICH : Difficile ? Mes débuts ? Vous n'avez qu'à lever la main et tout arrive par magie, le plus grand comédien du moment, un public, les critiques, l'enthousiasme et l'admiration, tout ça sort par magie du chapeau – si j'étais fou, je croirais réellement que tout cela m'est destiné ! Mais je sais ce qu'ils espèrent tous, ces bienfaiteurs et adorateurs par héritage, je sais ce qu'ils attendent en douce : que je m'effondre lamentablement en me mesurant à mon père, en participant à cette compétition où vous m'avez jeté de force, que je ressorte un peu ridicule de la comparaison. Ah, comme ces débuts sont faciles, horriblement faciles. Et comme nous sommes lamentables, eux et moi, nous tous qui nous trompons les uns les autres…

BÜRSTEIN : Mais ton père…

FRIEDRICH, *féroce* : Ça suffit, avec mon père ! Ça suffit ! Je voudrais pouvoir prendre trois inspirations sans entendre ce mot. « Mon père ! » Je voudrais vivre une seule journée sans penser à lui. J'en ai assez ! (*Tapant sur la table.*) Assez ! Assez ! On va encore me casser les oreilles toute la soirée avec son nom. Je veux me reposer de lui…

BÜRSTEIN : Mais Friedrich… ce n'est quand même pas une raison pour s'énerver de la sorte…

Scène VI

LEONORE, *entrant précipitamment* : Vous voyez, Bürstein… je vous l'avais dit, il vient, le grand-duc… il vient d'envoyer un télégramme… regarde, Friedrich, il vient exprès par le train du soir pour entendre ton œuvre…

FRIEDRICH, *lisant le télégramme, d'un ton dur* : Je ne vois absolument rien qui indique qu'il vient pour moi… absolument rien…

LEONORE : Mais là… c'est écrit… « rien n'aurait pu m'empêcher d'assister à une manifestation fidèle à l'esprit et à la mémoire de notre cher Karl Amadeus Franck ».

FRIEDRICH : Karl Amadeus Franck. Je m'appelle Friedrich Marius Franck. Il ne vient pas pour me voir, et je n'irai pas non plus vers lui…

LEONORE : Friedrich… je ne te comprends pas… tu ne veux pas qu'on te présente au grand-duc, ce vieil ami et bienfaiteur de ton père… je t'en prie, sérieusement…

FRIEDRICH, *explosant comme un enfant* : Et moi, je vous ai demandé… depuis plusieurs jours, plusieurs semaines même, de me laisser tranquille… je ne veux pas… je ne veux rien avoir à faire avec tout ça… je suis déjà étranglé par la honte de devoir me prêter à cette réunion de snobs, d'altesses et de dames patronnesses. (*Trépignant avec rage.*) Je veux être tranquille, je veux qu'on me fiche la paix… je ne veux pas de ces salamalecs, ni de ces âneries et courtisaneries… je ne veux pas entendre constamment… (*S'interrompant brusquement, puis reprenant par saccades, avec ses dernières forces.*) C'est vous qui avez organisé cette soirée... je ne prends aucune responsabilité... je ne m'en occupe pas... faites tout ce que vous voulez... mais ne comptez pas sur moi...

Il se précipite dans sa chambre avant que les deux autres aient pu se ressaisir.

Scène VII

LEONORE, *étonnée* : Qu'est-ce que ça veut dire ? Vous avez eu un différend ?

BÜRSTEIN : Absolument pas. Il est juste un peu excité. Comme une jeune fille avant son premier bal.

LEONORE : Non, Bürstein, vous tirez toujours son comportement du côté de l'insouciance. Pour parler franchement, son comportement ne me plaît pas. Je remarque chez lui, ces derniers temps, une hostilité croissante à l'égard de tout ce que nous entreprenons. Tout cela cache une insatisfaction, un orgueil insupportables. Je crois que l'ambition a trop de pouvoir sur lui – encore plus que la vénération de son père, que nous appréciions tant chez lui. Ce mépris, cette exaspération…

BÜRSTEIN : C'est tout sauf de l'orgueil. Vous vous trompez. Je pense qu'il est très malheureux, voilà tout. Sa situation le met mal à l'aise, et je peux d'ailleurs le comprendre.

LEONORE : Moi pas. Absolument pas. Que veut-il de plus ? Que lui manque-t-il donc ? Est-ce qu'on a entravé ses ambitions artistiques ? N'a-t-il pas un foyer où l'art est considéré comme le bien suprême ? A-t-il jamais été contraint à quelque chose, détourné vers un métier ? Il sait que rien ne nous rendrait plus heureux que de le voir agir dans l'esprit de son père. Mais Friedrich ne connaît ni la mesure ni les formes. Il n'a aucune discipline, aucun respect, aucune conscience : il ne sait pas apprécier le prodige qui lui est tombé entre les mains, être le fils d'un tel père, pouvoir travailler au calme…

BÜRSTEIN : Pour les jeunes gens, le calme est toujours le tumulte même. Plus le calme règne autour d'eux, plus la tempête s'agite en eux. Je crois bien le comprendre, mais c'est difficile à expliquer ainsi entre deux portes, en quelques minutes. Il est bientôt sept heures – je voulais vous demander si le nécessaire a été fait pour recevoir le grand-duc.

LEONORE : Oui… c'est vrai… bien sûr… il faut lui réserver des places au premier rang… il emmènera sûrement quelques messieurs de sa suite… il faut s'en occuper tout de suite… pourvu qu'il reste encore des places, ce serait terrible… en tout cas, il ne faut plus en donner… (*Elle sonne.*) Bürstein, allez me chercher Clarissa s'il vous plaît.

Bürstein disparaît dans la pièce d'à côté. Johann arrive par l'escalier.

LEONORE : Johann, Son Altesse le grand-duc va venir… Tu le connais, non ?

JOHANN : Mais Madame… depuis trente ans… (*Montrant la décoration.*) Son Altesse la lui avait remise en personne.

LEONORE : Oui… bien sûr… suis-je bête… oui donc… quand Son Altesse arrivera, tu n'ouvres pas, tu m'entends, la portière de sa voiture – il a son garde du corps avec lui, mais tu montes l'annoncer aussitôt… et regarde bien combien de gens il a à sa suite…

Clarissa est entrée avec Bürstein.

LEONORE : … je descendrai immédiatement à sa rencontre et le conduirai dans la salle… Clarissa… te voilà… C'est toi qui recevras et conduiras la grande-duchesse pour le cas où elle viendrait, mais je ne crois pas qu'elle l'accompagne… y a-t-il autre chose ?… Oui, Johann, il faut installer des fauteuils au premier rang, exactement comme autrefois… Son Altesse se souvient de tout… il faut que ce soit exactement comme pour les lectures de Karl… autre chose ?… Ah ! J'ai failli oublier le plus important… tout est en désordre dans ma tête. Autrefois Karl dirigeait tout cela, il avait un sens merveilleux de la représentation… donc Johann : il ne faut plus vendre un seul billet… plus un seul, à personne ! Et on ne laisse monter personne ici... qui que ce soit il faut l'éconduire. Tu as compris ?

JOHANN : Oui, Madame.

LEONORE : Ne laisser monter personne... ne plus délivrer aucun billet... quand Son Altesse arrive, l'annoncer immédiatement, n'est-ce pas, c'est bien tout ? Et les fauteuils... je veux surveiller cela moi-même... venez, Bürstein... Toi, tu restes, Clarissa ! Au cas où Son Altesse arriverait déjà, tu le recevras en attendant. Mais je reviens tout de suite...

Scène VIII

Leonore et Bürstein descendent rapidement les escaliers, Johann les suit d'un pas plus lourd. Clarissa reste seule. Elle a une trentaine d'années, son visage est simple et calme, ses gestes sûrs et tranquilles. Elle va s'asseoir sur le canapé qui est à côté de la table, prend un livre, puis se relève et se dirige vers la porte latérale. Au moment où elle saisit la poignée, Friedrich entre précipitam-

ment avec son manteau et son chapeau, ils manquent de se cogner.

CLARISSA : Friedrich... je venais justement te voir... qu'est-ce que tu as ?

FRIEDRICH, *jetant des regards craintifs autour de lui* : Ils sont partis ?

CLARISSA : Qui ça ? Qu'est-ce que tu as ?

FRIEDRICH, *jetant manteau et chapeau par terre* : Je voulais sortir un peu. J'étouffe dans cette maison. Je ne supporte plus... je ne peux pas les voir... ni les entendre...

CLARISSA : Mais qui ça ? Je ne te comprends pas...

FRIEDRICH : Tous... eux tous, les gens qui viennent et qui... Bürstein et notre mère et cette maison... je n'en peux plus, j'étouffe ! Tu ne peux pas comprendre, tu n'es pas sa fille à lui, et puis tu es partie, tu as ta vie avec ton mari, tes enfants, tu as pris un autre nom, tu ne portes pas sur tes épaules la plaque de marbre d'une gloire, d'une gloire étrangère – tu es cachée, tu es au calme et en paix avec toi-même dans cette maison. Mais moi, moi je suis éternellement sur la place publique, éternellement surveillé, l'objet de tous les bavardages, de tous les étonnements et questionnements – ô une poignée d'obscurité, un petit coin de silence, être inconnu, anonyme, étranger pendant une semaine, une seule semaine, avoir les épaules légères, une vie légère, ma propre vie, ma vie réelle ! Clarissa, je ne peux pas, je ne peux plus supporter cela…

CLARISSA : Mais Friedrich, tu prends ces choses trop au sérieux… cette soirée, à vrai dire, je la trouvais moi-même assez… comment dire… assez gênante, mais tu peux échapper au pire…

FRIEDRICH : Jamais… pas même une seconde !… Puis-je m'arracher ce visage qui est le sien ?… Puis-je me débarrasser de ce nom qui est le sien ?… Puis-je renverser cette maison qui est la sienne ?… Non, je suis sous son emprise, désespérément… pour les gens je ne serai jamais personne d'autre que le fils de Karl Amadeus Franck… le fils… le fils… le fils… toujours le fils, toujours comparé… toujours le rebut, la copie, l'avorton, le déchet… jamais moi-même… partout je suis cerné par lui… tout ce que je fais est une ombre, ce que je dis, un écho… je ne peux pas sortir de sa gloire… et ils me martèlent et me pilonnent de plus en plus pour que je lui ressemble… que moi je ressemble à mon père !… Oui, comme le singe ressemble à l'homme…

CLARISSA : Mais ton père…

FRIEDRICH : Je n'ai pas de père ! J'en ai peut-être eu un, comme d'autres gens ont un père… Mais maintenant j'ai une pierre en guise de père, un monument, une gloire… Comment exprimer cela, cet horrible sentiment, quand on sort dans la rue et qu'on arrive sur une place pour y voir son père sous la forme d'une pierre, d'un monument… et soi-même on est vivant, on passe devant et les gens vous regardent en disant : Son fils !… En disant toujours : Son fils, son fils !… Pourquoi ce père ne me lâche-t-il jamais ?… Certains se débarrassent de leur père en même temps que de leurs vêtements d'enfant, et moi je suis condamné à le porter sur mon dos, à le traîner partout, éternellement… partout où je vais, il est là aussi…

oh comme je la hais, comme je hais cette gloire, cette maudite, effroyable gloire…

CLARISSA : Pour l'amour de Dieu, comment peux-tu dire une chose pareille ! Tu devrais…

FRIEDRICH : Etre fier, je sais… heureux d'être le fils d'un tel homme… on m'en rebat les oreilles à longueur de journée… tu crois que je ne sais pas moi aussi combien il est grand ?… Tu crois que je le méconnais ?… Tu crois que je ne l'aime pas, parce que je souffre à cause de lui ?… Oh, comme je l'ai aimé, petit garçon je savais déjà le rare présent qui m'était échu : pouvoir lever les yeux sur mon père comme sur un Dieu… Mais pourquoi m'obligent-ils à lui ressembler, à lui l'insurpassable… pourquoi est-ce à moi, précisément à moi, de lutter avec lui, pourquoi dois-je me relever et lutter avec lui, tout en sachant que jamais je ne pourrai l'atteindre… jamais… absolument jamais.

CLARISSA : Mais Friedrich, personne ne te demande une chose pareille… si tu présentes quelque chose de valable, les gens seront déjà contents… on ne demande pas à tous les poètes d'être d'emblée un Karl Amadeus Franck...

FRIEDRICH : A personne on ne le demande, sauf à moi ! Sauf à moi, son fils ! Si je reste médiocre, je deviens ridicule aux yeux du monde. La mesure qui m'est échue à la naissance m'écrase... Oh, les autres ! Ils ont le droit d'essayer, d'errer, de se retrouver, de se perdre à nouveau, d'être médiocres – moi seul, je dois être accompli, sans quoi je suis le singe de mon père, le parasite de sa gloire. Je ne peux être médiocre en rien – je dois le dépasser, sinon je déçois les gens, car c'est un miracle, un second miracle qu'ils exigent de moi, le miracle du retour. Et ils sont tous là à me pousser vers ce sacrilège, notre mère, Bürstein, je comprends maintenant qu'ils me dressent pour ça depuis des années, qu'ils m'ont inoculé cette ambition par perfusion... Toute cette atmosphère, ce rituel, cette tradition... cet encens devrait me rendre ivre et – Clarissa, ils ont réussi, ils l'ont éveillé en moi ce désir passionné de dire quelque chose au monde, de dire un mot pour l'humanité, comme lui...

Mais la raison, ils n'ont pas réussi à me l'enlever au point que je ne sache plus qui il était et qui je suis... que je ne voie pas l'abîme qui nous sépare, éternellement, irrémédiablement. (*Il reprend son souffle, légèrement énervé.*) Tu sais... parfois je sens aussi en moi une sorte de force... une espèce de puissance sombre et mystérieuse qui charrie des mots et fait jaillir de moi un sentiment qui m'est étranger... alors j'ai l'impression d'avoir aussi le droit de m'y essayer... mais quand je sors de moi-même, je ne peux plus avancer... elle est là, en travers de mon chemin, la gloire... le bloc de marbre paternel... la pierre froide... Et je ne peux pas la renverser... je ne peux pas... je sais qu'elle sera toujours la plus forte... toujours, oh, comme je la hais... comme je la hais, cette gloire qui entrave mon chemin... oh, comme je la hais...

CLARISSA, *se penchant vers lui* : Friedrich, qu'est-ce qui t'arrive ? Notre mère a vraiment raison, je ne la croyais pas. Que se passe-t-il tout à coup en toi ?... je t'ai toujours admiré, avec ton amour passionné pour ton père, ta manière de te réaliser en lui… de pénétrer dans son être…

FRIEDRICH, *tremblant de passion* : Et tu penses que c'était par amour ? Par amour ?… Je veux… je veux te dire la vérité, la raison pour laquelle… je suivais sa trace aussi passionnément… par amour, crois-tu ?… Non… non… c'est par goût maladif de fouiner, par fouinage, tu entends, par curiosité, comme les filles de Loth soulevant la robe de leur père… oui, c'était ça, je voulais connaître l'intimité de mon père, découvrir une tache, une tare, un tort dans sa mémoire pour ne pas devoir… devoir… le craindre autant… pour ne pas disparaître ainsi devant lui… pour ne pas l'admirer de façon aussi absolue, aussi effroyablement absolue. (*Reprenant son souffle.*) Mais non, rien ! Rien ! Rien que du marbre et de la pierre partout, pas une faille ! Jamais rien d'humain ! Toujours la perfection, toujours Dieu ! Oh, je la connais jusque dans sa dernière fissure, sa vie, cette vie merveilleusement mystérieuse, et je peux te dire qu'elle est cruellement belle ! Ceux qui l'ont approchée sont encore sous son charme aujourd'hui, regarde, regarde dans la maison, tous, notre mère, Bürstein, Johann, ils ne vivent plus leur propre vie, ils sont tous à lui. Il absorbe tout, tout le monde y perd ses forces, personne en l'approchant ne peut rester libre, car il a donné à tout le monde sans rien prendre à personne, en soixante ans il n'a fait de tort à personne, tous sont devenus grands et purs grâce à son modèle, car il est resté impeccable, irréprochable du premier au dernier jour, autant comme homme que comme poète ! Tu comprends, tu comprends maintenant pourquoi cet exemple me broie, et si tu savais comme je suis infâme, comme je suis plein de bassesse…

CLARISSA : Mais Friedrich… je te connais tout de même…

FRIEDRICH : Tu me connais ? Toi ? Personne ne me connaît… Mais je vois que tu ne me crois pas… je veux donc te raconter… un seul exemple, un exemple, un seul !… Te le raconter à toi parce que tu es une femme qui aime son mari et parce que tu es humaine… je veux que toi, toi au moins tu saches qui je suis, bien qu'étant son fils, le fils de l'Irréprochable… écoute donc… Il y a dans la ville… dans le monde entier, une seule personne qui me connaît… qui m'aime pour ce que je suis… une seule personne… une jeune fille… elle m'est proche, très proche… mais en secret seulement… très proche… nous sommes… elle a… enfin, je ne peux pas en parler… mais elle est tout pour moi, ma femme devant Dieu, si elle ne l'est pas pour les gens. Ma vraie vie, c'est avec elle. Quand je sors de cette maison, de cette serre étouffante pour aller chez elle, je commence à respirer… et elle, elle m'aime… elle m'a tout donné… n'a jamais rien demandé, jamais rien exigé… tu entends, Clarissa, tu m'écoutes ?

CLARISSA : Oui… oui…

FRIEDRICH : Alors… alors maintenant écoute bien ! Cette femme a exprimé hier, pour la première fois, un souhait… pour la première fois… très discrètement… très timidement, comme une enfant, elle est venue vers moi hier en me demandant si je l'autorisais à acheter un billet… acheter, tu entends, Clarissa, et elle est pauvre… pour entendre ma poésie déclamée par Grovik… si je l'autorisais… si cela ne me dérangeait pas… elle est si délicate… et moi, Clarissa, à cette seule personne parmi toutes qui voulait vraiment venir pour moi… à cette seule personne qui me connaît et… qui m'aime pourtant… j'ai dû dire non… c'est-à-dire, c'est encore bien pire – ô vous tous qui ne me devinez pas ! Je lui ai menti… je lui ai dit qu'il n'y avait plus de billets… je lui ai fait peur en lui parlant de tout ce beau monde. Et pourquoi ? Pourquoi ?… Par un lâche et servile sentiment de peur, peur du scandale et des commérages… peur que quelqu'un devine, soupçonne ce que représente pour moi cette femme que, si j'étais vraiment un être humain, j'amènerais dans cette maison pour la présenter à ma mère… Clarissa, sois sincère… Toi, en tant que femme, tu dois bien sentir l'offense, la bassesse… sois sincère, ai-je exagéré en disant que j'étais infâme ?

CLARISSA : Je ne peux certes pas trouver cela… noble, mais pas si tragique non plus. Je crois malheureusement que la plupart des hommes auraient agi comme toi dans un cas pareil… peut-être tous…

FRIEDRICH : Peut-être tous… mais pas lui… lui…

CLARISSA : Qui ça ?

FRIEDRICH : Lui… mon père… peux-tu imaginer qu'il aurait infligé cela à ma mère… qu'il lui aurait caché quelque chose… oh, lui il savait se sacrifier… il aurait détruit sa vie plutôt que d'infliger une blessure à autrui. Et c'est comme ça, uniquement, qu'il est devenu le prodige, le miracle devant lequel nous sommes tous chancelants de respect… sauf moi qui suis plein d'envie et de désespoir, enfant monstrueux de son âme… Et je sais tout, je sais tout, et pourtant ne fais rien, je hais la maison et pourtant j'y reste, je méprise mon œuvre et la fais pourtant lire…

CLARISSA, *l'interrompant* : Friedrich… ils arrivent. Ressaisis-toi. Je te comprends bien…

je pourrais te dire beaucoup de choses... plus tard, pour l'instant maîtrise-toi.

Scène IX

LEONORE, *arrivant par l'escalier avec Bürstein* : Friedrich, te voilà... je te prie sérieusement de descendre voir Grovik tout de suite. Il a déjà demandé deux fois où tu étais et semble offensé que tu ne te sois même pas donné la peine de le saluer dans notre maison. Ton père...

FRIEDRICH, *blême de colère* : On m'a suffisamment rappelé son souvenir comme ça aujourd'hui...

LEONORE : Je t'interdis de faire de telles remarques et surtout de m'interrompre. Je voulais dire, si tu le permets, que ton père aussi refusait de se montrer reconnaissant à l'égard de ses interprètes, car il voulait les savoir attachés à son œuvre seulement, et non à lui personnellement. Mais il n'a jamais pris le risque de blesser quelqu'un. Je serais très gênée que son fils en soit capable.

FRIEDRICH : Je… je crains… d'avoir déjà agi de la sorte ce soir… (*D'une voix tout autre, accommodante.*) Du reste… tu as bien sûr raison, mère, je descends tout de suite rejoindre Grovik… j'aurais vraiment dû le recevoir.

LEONORE, *également plus calme* : Et je te prie aussi… au cas où le grand-duc exprimerait le désir de te parler, d'être disponible… je ne te demanderai jamais d'être servile, mais le grand-duc est un ami de la maison… la coutume voulait autrefois qu'il reste toujours une heure chez nous à l'issue des lectures… C'est ton devoir de l'inviter à monter, comme le faisait ton père…

FRIEDRICH : Je t'en prie, mère… charge-t-en personnellement… tu es la gardienne de ces lieux… je ne me sens pas la vocation… c'est-à-dire, je te prie de m'excuser… vous… vous ne me comprenez pas, vous pensez tous que je ne veux pas endosser ce devoir… c'est juste que je ne peux pas, je ne peux pas… je n'ai aucun talent pour la représentation…

LEONORE : Je trouve justement qu'il serait temps que tu l'acquières. Il faut que tu t'habitues à vivre avec les portes ouvertes et à adopter une certaine tenue...

FRIEDRICH : Mais je ne peux pas... je ne peux pas... Vous avez tous ça, vous êtes sûrs de vous et ne vous égarez jamais dans l'irritation... Vous êtes si disciplinés, je ne vous vois jamais en colère, ni dans l'effroi ou l'irritation, rien ne vous trouble... moi... je ne sais pas le faire... je ne suis pas capable de dire les choses comme je les pense... mais ne comptez pas sur moi... en rien... en aucune manière... ne me surestimez pas... je ne suis pas grand, je n'ai pas de tenue parce que je n'ai aucune valeur... je ne suis pas des vôtres... je n'ai pas ma place ici... je ne peux pas... lâchez-moi... ne comptez pas sur moi... je ne veux pas que l'on fonde un seul espoir sur moi... je ne veux pas.

BÜRSTEIN : Mais Friedrich, ne t'exalte pas comme ça...

CLARISSA : Friedrich, sois raisonnable...

Scène X

Johann arrive par l'escalier en se dépêchant autant qu'il le peut. Il est blême et perturbé, regarde autour de lui sans savoir à qui s'adresser.

LEONORE : Est-ce que Son Altesse est arrivée ?

JOHANN, *anxieux* : Non... mais... (*Il s'approche tout près d'elle et lui chuchote quelques mots.*)

LEONORE, *d'une voix forte et violente, en reculant brusquement* : Ici ?... Ici ?... Jamais de la vie !... Jamais ! Jamais ! Jamais !... Jamais !

BÜRSTEIN, *surpris par son irritation* : Qu'y a-t-il ?... Qu'avez-vous ?

LEONORE, *comme enragée* : Jamais !... Repousse-la immédiatement !... (*En colère contre Johann :*) Comment as-tu pu te permettre d'agir contre mes ordres ? C'est impertinent de ta part... je t'avais dit...

JOHANN, *complètement effrayé* : Mais c'était tout de même... je ne pouvais tout de même pas... cette dame... j'étais...

LEONORE : Tu es un imbécile… vas-y sans plus tarder…

CLARISSA : Mais, ma mère… que s'est-il passé ?

BÜRSTEIN : Qu'avez-vous ?

Friedrich regarde sa mère d'un air étonné.

Scène XI

Maria Folkenhof est entrée pendant ce dernier échange. C'est une petite dame voûtée qui avance péniblement, tout de noir vêtue. Son visage distingué, paisible, témoigne de sa beauté passée. Sa voix est douce et tendre. Elle est très myope et s'appuie sur une canne pour marcher. Elle s'arrête en entrant et jette un regard désemparé car personne ne vient à sa rencontre. Elle essaie vainement de saisir son lorgnon. Confusion générale, silence lourd et gêné.

Johann, comme poussé par une force, s'approche humblement de Madame Folkenhof mais n'ose pas lui dire un mot.

MARIA, *le reconnaissant à grand-peine* : Ah, c'est toi… Johann… est-ce que tu m'as annoncée ?… Il y a bien quelqu'un parmi les organisateurs à qui je pourrais parler.

JOHANN, *hésitant* : Oui… j'ai… je dois… peut-être que Monsieur Bürstein ?… Je crois… (*Il adresse à Bürstein un regard de détresse.*)

BÜRSTEIN, *nerveusement courtois* : Mon nom est Bürstein… en quoi puis-je vous être utile, chère Madame ?

MARIA : Pardonnez-moi de vous déranger personnellement… à vrai dire c'est de ma faute, j'aurais dû me procurer un billet par la poste… mais je ne vis pas ici… c'est en lisant aujourd'hui dans le journal que Friedrich allait donner à connaître sa première œuvre que je me suis décidée à faire le voyage, et je crains d'arriver trop tard… Johann me dit que tous les billets sont vendus… mais je voulais tout de même essayer…

BÜRSTEIN : Oui… en effet (*il regarde Leonore qui fait avec colère un geste de refus*), oui, hélas, hélas toutes les places sont déjà attribuées.

MARIA : Ah, c'est donc vrai !... Quel dommage !... Je n'aurais pas cru revenir ici un jour, et puis cette occasion s'est présentée... et maintenant il est trop tard... quel dommage... il n'y a donc vraiment aucune possibilité ? Absolument aucune ?... Peut-être pourrait-on m'attribuer une place debout ?... Je pourrais encore tenir une heure ou deux... cela ne devrait pas durer plus longtemps... je ne veux certes pas être insistante, mais... j'aurais tellement voulu...

BÜRSTEIN, *confus* : Je ne sais pas. Ce n'est pas à moi que revient la décision – peut-être que...

LEONORE, *cinglante* : Non, il n'y a aucune possibilité, absolument aucune... tout est réservé depuis le premier jour pour les amis de la maison... pour les étrangers, c'est impossible... je t'ai pourtant bien dit, Johann, de ne laisser personne monter inutilement...

MARIA, *sursautant, puis se ressaisissant difficilement* : Ah... Leonore... je ne vous avais pas vue... mes yeux ne valent plus rien. Mais je vous reconnais au premier mot, je ne vous reconnais que trop bien ! Je n'étais pas venue vous voir pour vous quémander une faveur... j'ai tenté d'entrer comme une étrangère... comme une parfaite étrangère... mais vous n'auriez pas dû dire cela... pas vous...

LEONORE, *durement* : Je regrette... je n'ai pas trouvé de mot plus approprié...

MARIA, *tremblant d'irritation contenue* : Vous regrettez... vous regrettez... vous allez peut-être le regretter encore plus !... D'autres seront peut-être plus à même de juger si j'étais aussi étrangère ici... que... que vous voulez bien le dire... si importune... que l'on me chasse de la maison de Karl Franck comme un chien... peut-être que la décision de savoir qui était l'importune n'est pas encore tranchée... ah, le monde de la « bonté désintéressée », la tradition de la « pure humanité » – comme on l'écrivait ce matin dans le journal... je n'ai plus qu'à partir... où est la porte... où...

BÜRSTEIN, *embarrassé* : Il y aura certainement une autre représentation publique dans les prochains jours… je me permettrai alors…

MARIA : Merci… merci… je n'ai pas besoin d'une redite… cette réception m'a suffi… largement suffi… où… oui, Johann, te voilà… viens, aide-moi à descendre l'escalier, j'ai du mal à marcher… ah mon pauvre, tu t'es encore fait réprimander à cause de moi… oui, on ne devrait pas vieillir, on pourrit dans la mémoire des gens – viens, je te remercie.

Johann s'apprête à aider Maria Folkenhof à marcher quand Friedrich s'avance soudain. Il a suivi la scène dans un état d'agitation et d'exaspération croissante et s'incline devant Maria Folkenhof.

FRIEDRICH : Pardon, chère Madame… je vous dois des excuses au nom de cette maison… je n'ai pas l'honneur de vous connaître, mais j'entends que vous vouliez… que vous vouliez me faire l'honneur d'assister à ma soirée, que vous avez entrepris un voyage à cet effet… Il est tout naturel que l'on vous attribue une place…

Bürstein lui fait un signe.

FRIEDRICH, *avec énergie* : Parfaitement naturel, car ce serait plutôt aux critiques et aux oisifs de libérer les leurs... et je suis certain d'agir dans l'esprit de mon père en ne laissant personne sortir offensé de ses appartements.

MARIA, *agitée, s'immobilise* : Ah... vous êtes... vous êtes... (*Emue en s'approchant.*) Comme vous lui ressemblez !... Et aussi la voix !... Exactement sa voix !... Ah, vous êtes Friedrich Franck... (*Se ressaisissant.*) Je vous remercie beaucoup et j'aimerais accepter votre aimable invitation... Vous avez raison, c'était mon souhait de partir de cette maison sans vexation, avec un bon souvenir... mais voilà mon vœu accompli, maintenant que je vous ai vu et que je vous ai parlé, et que vous... n'avez pas été comme les autres avec moi... mais je ne veux pas vous déranger plus longtemps... je vous remercie beaucoup... je vous remercie, Friedrich Franck.

FRIEDRICH : C'est désormais moi qui vous prie de rester ici ce soir pour assister à ma lecture. Il y a si peu de gens qui viennent pour moi que je ne peux me dispenser de ceux qui sont véritablement intéressés. Faites-moi, je vous prie, l'honneur de votre présence… puis-je vous accompagner jusqu'en bas… vous ne me refuserez sûrement pas ce plaisir.

MARIA, *prenant le bras qu'il lui offre* : Comme vous êtes bon avec moi… je vous remercie… je n'aurais jamais imaginé que vous puissiez un jour soutenir ces vieux bras… je vous remercie infiniment…

Soutenue par Friedrich avec beaucoup de sollicitude, elle s'en va par l'entrée principale sans se retourner pour saluer les personnes présentes.

Scène XII

LEONORE, *qui était appuyée à la fenêtre, blanche de colère tandis que Friedrich offrait son bras à Maria Folkenhof, explose soudain, furieuse, criant presque* : Johann ! Je t'avais ordonné de ne laisser monter personne. Je sais que tu es dans la maison depuis trente ans, cela te donne certains droits. Mais je ne tolère pas la désobéissance, une fois pour toutes ! S'il ne te convient pas d'obéir ou que tu ne veux plus entendre, tu peux partir…

CLARISSA : Mais, ma mère, je t'en prie…

LEONORE : Je ne tolère pas la moindre contestation dans ma maison ! Fais ce que tu veux dans la tienne ! Ici, c'est moi qui commande. Vous vous rebellez tous contre moi – et je ne veux même pas parler de l'indélicatesse et de l'impertinence de Friedrich. Mais toi, ne te mêle pas de choses que tu ne comprends pas, va plutôt rejoindre les invités. Et Johann, tu descends ! Va à ta place !

Clarissa s'en va en adressant un regard stupéfait à Bürstein. Johann, qui voulait ajouter quelque chose, baisse la tête et la suit.

Scène XIII

BÜRSTEIN : Madame Leonore, peut-être allez-vous me houspiller aussi… mais je dois avouer que je ne comprends rien à cette histoire… votre irritation… toute cette scène… c'est la première fois, depuis que je vous connais, que je vous vois perdre toute maîtrise…

LEONORE : Parce que je ne tolère pas les impertinences !… Comment peut-elle oser franchir ce seuil… monter ici, dans ma maison ?

BÜRSTEIN : Oui, mais… je ne sais rien… qui est cette dame ?

LEONORE : Cette – « dame » ! Qui elle est ?… Ne l'avez-vous pas reconnue ?

BÜRSTEIN : Non… qui ça ?

LEONORE : Vous n'allez tout de même pas me faire croire que vous, le confident et ami de mon mari, comme vous aimez à vous qualifier vous-même, ne connaissez pas la Folkenhof…

BÜRSTEIN, *comme foudroyé* : Folkenhof ?… Maria Folkenhof ?… Maria ?

LEONORE : Oui, Maria !… Maria !… Je vois qu'elle ne vous est pas tout à fait étrangère.

BÜRSTEIN, *encore tout décontenancé* : Oui

mais… comment est-ce possible ?… Ce n'est pas pensable…

LEONORE : Il me semble que vous commencez à comprendre mon irritation…

BÜRSTEIN : Mais… Madame Leonore… pour l'amour du Ciel… vous aviez toujours dit qu'elle était morte…

LEONORE : Pour moi, elle est morte.

BÜRSTEIN : … qu'elle était morte là-bas, en Amérique…

LEONORE : Eh bien, vous voyez… elle vit… elle est alerte… elle s'introduit chez moi… mon fils la présente à tout le monde… dans la grande salle où sont tous les amis… cela va faire sensation… nos bons amis vont s'y intéresser vivement… du reste, je vois que vous êtes impatient vous aussi… vous avez envie de descendre… je vous en prie, allez-y, je ne retiens personne… suivez l'exemple de Monsieur mon fils…

BÜRSTEIN, *sans lui prêter attention* : Maria Folkenhof… mais c'est… c'est incroyable… impensable… une catastrophe… si je m'en étais douté… oh quelle horreur, quelle horreur !… Comment avez-vous pu m'induire ainsi en erreur, si vous le saviez… me faire croire qu'elle était morte ?…

LEONORE, *avec dureté* : Je pensais que Karl vous avait informé… Vous étiez tout de même le gardien de ses secrets… ou du moins aimez-vous jouer ce rôle…

BÜRSTEIN, *explosant* : Je vous prie de m'épargner vos sarcasmes. Ce n'est vraiment pas le moment de faire ce genre de plaisanteries. Vous feriez mieux de réfréner votre mauvaise humeur face à une telle situation. C'est déjà bien assez d'avoir inutilement froissé cette malheureuse femme ! Je vous laisse juger par vous-même de la bêtise de votre conduite. Vous n'avez qu'à plaisanter si cela vous chante ! Vous allez voir ! Je n'ai que trop bien compris ce qu'elle a dit…

LEONORE, *s'agitant* : Que voulez-vous dire ?

BÜRSTEIN : Que cette femme va maintenant enfin clamer la vérité. Que votre hargne l'a fait sortir du silence où elle persistait curieusement…

LEONORE : Vous voulez dire qu'elle pourrait...

BÜRSTEIN : Elle dira tout ! Tout ! Tout ! Ne vous bercez plus d'illusions. Maria Folkenhof va parler maintenant, et elle a raison, mon Dieu, elle a raison, puisque... puisque la haine la chasse de la maison de Karl Franck... puisqu'on la traite d'étrangère ici... Oh, quelle débâcle nous attend, quel affront, un affront sans bornes !... Et fou que je suis, fou, je me suis laissé tromper et j'ai trompé les autres... O cet affront, cette honte... Un affront inutile, provoqué de façon absurde...

LEONORE : Elle peut bien dire ce qu'elle veut. Personne ne la croira.

BÜRSTEIN : Tout le monde la croira ! Tout le monde ! Ne sentez-vous pas les soupçons... à commencer par la récente allusion de Franz Meister à certaines erreurs qui seraient survenues et qu'il faudrait élucider... et puis... elle doit avoir les lettres, ses lettres à lui...

LEONORE : Elle n'a plus de lettres, elle les a brûlées.

BÜRSTEIN : Comment le savez-vous ?

LEONORE : Elle l'avait promis. Dans la dernière lettre qu'elle lui a écrite.

BÜRSTEIN : Et vous y croyez ? Les femmes promettent ce genre de choses, mais elles ne le font pas. On ne brûle pas les lettres et documents d'un Karl Amadeus Franck… il n'y avait qu'une femme pour le faire… pour avoir une ambition si folle et démesurée… et moi, je me suis laissé manipuler…

LEONORE : J'assume la responsabilité de mes actes. Il existe un devoir, plus fort que les égards personnels, et c'est ce devoir que j'ai respecté : je devais préserver, aux yeux de son peuple, l'image de cet être unique, j'ai été obligée, au nom de sa pureté, de masquer certains épisodes…

BÜRSTEIN : Certains épisodes ?… des mensonges du début à la fin… vous… vous avez tout sur la conscience… vous devrez en rendre compte… j'ai moi-même été trompé… ignorant alors que je croyais savoir… vous… vous êtes seule à devoir vous défendre, vous m'avez sciemment obligé à mentir… à cause de votre jalousie forcenée et de votre goût du pouvoir, qui vous poussent encore à agresser le défunt et qui vous poussaient déjà à le modeler selon votre volonté… vous êtes seule… toute seule…

Scène XIV

FRIEDRICH, *qui est entré durant la dernière tirade* : Bürstein !… Comment osez-vous parler de la sorte à ma mère !… (*Silence gêné de tous.*) Mais du reste, que se passe-t-il ici ?… J'entends des cris à deux pièces de distance, alors que les invités attendent en bas… je vois qu'on rabroue une vieille femme comme un chien errant… tout ça dans le secret et la dissimulation… J'ai aussi le droit de savoir ce qui se passe dans cette maison ! (*Après une pause.*) Qui était cette dame ?

BÜRSTEIN : Demande à ta mère ! C'est elle qui pourra le mieux t'en parler.

LEONORE : Quand ce sera le moment. Nous avons maintenant autre chose à faire. Ce n'est pas si important.

FRIEDRICH : Tout ce qui concerne mon père est important pour moi... surtout quand je sens qu'on veut me le cacher... et je ne veux plus qu'on me cache quoi que ce soit... Qui est cette dame ?

LEONORE : Et moi, je ne veux pas qu'on me donne des ordres ! C'est hors de question. Interroge qui tu veux...

FRIEDRICH : Je veux le savoir et je le saurai. Je vois que tout ici lui est familier...

LEONORE, *très vite* : T'a-t-elle dit quelque chose ?

FRIEDRICH : Non... mais je vois bien qu'elle connaît Johann... elle le tutoie... elle t'appelle par ton prénom... et puis vous êtes tous tellement gênés... on m'a pourtant appris que les portes de cette maison étaient ouvertes... j'ai donc bien le droit...

Scène XV

JOHANN, *entrant précipitamment* : Son Altesse le grand-duc est arrivé.

LEONORE, *saisissant l'occasion* : Venez, Bürstein... donnez le signal pour que l'on commence... je vais à sa rencontre.

Elle se dirige en toute hâte vers l'escalier. Johann veut la suivre.

FRIEDRICH, *le retenant* : Johann... un instant... je... je voudrais te demander quelque chose... Johann, viens, il n'y a personne maintenant, ils sont tous occupés, viens, mon brave... tu es le seul dans cette maison avec lequel je puisse parler de mon père... parce que tu l'aimais pour lui et non pour sa gloire, parce que tu étais un véritable ami pour lui... et c'est pourquoi ils ne t'aiment pas, les nouveaux amis... alors écoute, Johann... ils m'évitent tous, mais toi dis-moi franchement, n'est-ce pas... qui est cette dame ?

JOHANN, *anxieux* : Mais Monsieur Friedrich... comment pourrais-je... si Madame...

FRIEDRICH : Je ne suis plus un enfant... nous sommes des hommes, et entre hommes on se fait confiance... ou n'as-tu pas confiance en moi ?...

JOHANN : Mais Monsieur Friedrich… sait bien…

FRIEDRICH : Allez, parle ouvertement : qui est cette femme ?

JOHANN : Mais c'est… c'est… Madame Folkenhof !

FRIEDRICH : Folkenhof ?… Folkenhof ?… Connais pas !… Attends… Cela me rappelle très très vaguement quelque chose… Folkenhof ?… J'ai dû déjà entendre ce nom dans mon enfance… Folkenhof ?… N'est-ce pas, Maria Folkenhof, Maria…

JOHANN *acquiesce.*

FRIEDRICH : Cela me rappelle un très lointain souvenir… du temps de mon père… j'ai dû l'entendre… attends… je sais… il y avait une photographie sur son bureau… avec le nom de Maria en dessous. Ah, ah, c'est pour ça, c'est pour ça, ce sentiment étrange… quand cette femme est entrée j'avais l'impression de la connaître depuis longtemps, très longtemps… je sentais une ressemblance mais ne savais pas avec qui… c'est donc ça… c'était donc ça… oh, comme je la vois bien, cette photo, et pourtant je ne l'ai plus jamais revue… elle a disparu du bureau depuis… Et ils disaient pourtant, ils disaient toujours qu'ils avaient tout laissé comme au jour de sa mort… bizarre… bizarre… (*Il devient très songeur, puis s'adresse soudain à Johann :*) Tu la connais depuis longtemps ?

JOHANN *acquiesce.*

FRIEDRICH : Avant le mariage de mon père ?

JOHANN *acquiesce.*

FRIEDRICH : Du temps de Brême ?

JOHANN *fait signe que non.*

FRIEDRICH : De Hambourg ?… Florence ?

JOHANN *fait signe que non.*

FRIEDRICH : Mais où donc… mon père n'est jamais allé ailleurs avant son mariage… attends… non… où ça, dis-moi…

JOHANN : Depuis l'époque de Chillon.

FRIEDRICH : Chillon ?… Quand mon père a-t-il vécu à Chillon ?… Cela ne figure nulle part… pas chez Bürstein… dans aucune lettre… ni dans son journal… bizarre !… Et pourtant… attends, attends… Chillon…

une tour ronde au bord du lac Léman, un château… n'est-ce pas ?

JOHANN *acquiesce.*

FRIEDRICH : L'image est très nette en moi… cette photo aussi a disparu… elle était accrochée à gauche au-dessus du bureau… juste au-dessus de l'autre… comme c'est bizarre… et j'étais assis sur les genoux de mon père, et il me racontait… l'histoire d'un prisonnier qui s'était creusé un escalier dans la pierre avec des clous… Oh, comme je m'en souviens… cela m'excitait beaucoup et je lui demandais : « Tu étais aussi prisonnier là-dedans ? » Et… il souriait. « Non… j'étais libre là-bas, pour la première fois »… Comme cela me revient tout à coup… et pourtant je ne suis pas en train de rêver… Johann, n'est-ce pas, tu l'as vue aussi, cette photo ?…

JOHANN *acquiesce.*

FRIEDRICH : Et elle a disparu… envolée… depuis qu'il est mort, envolée… pourquoi est-ce qu'ils cachent tout ?… Oh, je sens qu'ils cachent plus de choses encore… ils veulent enfouir un secret à mes yeux, l'enterrer, mais je sens qu'il est vivant... eux aussi ont leur secret... les portes sont ouvertes et les murs sont ouverts, mais en dessous il y a quelque chose d'enfoui, quelque chose qui est caché sous le seuil... un secret de mon père que je ne dois pas connaître, un secret à eux que je ne dois pas soupçonner... et elle, cette femme, est impliquée là-dedans... Folkenhof... Maria Folkenhof...

JOHANN : Mais je prie Monsieur Friedrich de ne rien dire...

FRIEDRICH : Non, Johann... cela va se dire tout seul... comme c'est curieux qu'elle soit venue justement aujourd'hui, le jour de mes débuts littéraires, cette femme... j'ai eu, j'ai eu l'impression d'entendre tout à coup la voix de mon père, différente... et son portrait (*il s'arrête devant le portrait*), bizarre... je respire plus librement depuis que je sais qu'il y a un secret ici... et j'ai tout compris en la voyant : elle est venue vers moi comme si elle me cherchait... étrange, étrange journée...

Scène XVI

BÜRSTEIN *entre en toute hâte, essoufflé* : Friedrich… le grand-duc… il veut te parler… tu es la première personne qu'il ait demandé à voir… pour l'amour de Dieu, je t'en supplie… ne te cabre pas maintenant… fais-moi le plaisir de descendre le voir.

FRIEDRICH, *très calme et serein* : Mais pourquoi n'irais-je pas ?… J'y vais volontiers…

BÜRSTEIN, *ahuri* : Oui… je me disais juste… nous craignions… tu étais tellement énervé tout à l'heure… que s'est-il passé ?

FRIEDRICH : Ah, on s'énerve pour des broutilles, et des broutilles réparent tout… oui, je suis presque serein, cher Bürstein… vous voyez, il y a d'étranges hasards. (*Il s'arrête devant le portrait de son père.*) Vous voyez… je suis passé mille fois devant ce tableau, et aujourd'hui… aujourd'hui je le vois pour la première fois, il y a un sourire autour de sa bouche… un tout petit sourire… comme on sourit quand on a un secret… et un sourire que l'on ne comprend que si soi-même… on sait sourire aussi discrètement… vous voyez, Bürstein, je viens de m'en rendre compte et cela m'a rendu joyeux. Donc je viens ! Allons voir le grand-duc.

ACTE II

L'après-midi du lendemain. La chambre exiguë et sommaire d'une pension de famille. Sur la table, un vase contenant un énorme bouquet de roses blanches. Une grande valise à moitié ouverte dans un coin.

Scène première

Maria Folkenhof dort, allongée sur le canapé. On frappe à la porte, à plusieurs reprises et avec de plus en plus d'insistance. La dormeuse s'anime peu à peu. On frappe à nouveau. Elle se lève.

MARIA : Entrez !

LA BONNE : Pardon si je dérange Madame… Il y a un Monsieur qui attend dehors et qui demande s'il pourrait parler à Madame.

MARIA : A moi ?... A moi ?... N'est-ce pas une erreur ?... Attendez un instant, je suis encore un peu étourdie... qui est-ce ? (*La bonne lui tend la carte de visite sur un plateau.*) Ah, mes lunettes ?... Où est mon lorgnon, je ne vois rien sinon. (*La bonne lui tend le lorgnon qui était sur la table.*) Je vous remercie. (*Voyant la carte.*) Bürstein ?... Monsieur Hermann Bürstein ?... Tiens donc ?... Que me veut-il ?... Bon... je le prie... juste un instant, je dois m'arranger encore un peu... voilà, je le prie d'entrer.

BÜRSTEIN, *entrant par la porte ouverte par la bonne* : Pardonnez-moi, chère Madame, de vous déranger... Mon nom est Bürstein... je n'ai pu hier me présenter à vous que... très brièvement... Je ne vous dérange pas ?

MARIA : Non, non... je vous en prie...

Bürstein s'incline avec embarras. Le silence qui s'installe devient gênant.

MARIA : Ne voulez-vous pas prendre place, Monsieur ?

BÜRSTEIN : Merci... merci beaucoup. (*Il s'assied.*) Peut-être allez-vous trouver... audacieux que je me présente ainsi sans demander la permission… j'étais… je n'ai pas eu l'occasion hier… j'étais horriblement embêté hier de n'avoir pas pu répondre tout de suite à votre souhait… je viens justement pour vous l'expliquer…

MARIA, *posée, mais sans la moindre politesse* : Mais on m'a attribué une excellente place, je n'aurais pu être mieux servie.

BÜRSTEIN : J'en suis… j'en suis ravi… je venais juste… je tenais à vous dire personnellement que je n'étais nullement impliqué… dans cet incident… je ne voudrais pas que vous vous mépreniez sur mes convictions… nous serions embêtés que vous gardiez de cette soirée une impression désagréable…

MARIA : Excusez-moi, Monsieur, de vous interrompre… Je ne sais pas si je vous comprends bien. Parlez-vous en votre nom, poussé par vos sentiments personnels, ou vous a-t-on confié un message ?

BÜRSTEIN : Non… absolument pas… j'éprouvais juste le besoin…

MARIA : Je veux dire… comme vous avez dit… « nous serions embêtés »…

BÜRSTEIN : C'est que... cette maison et ses habitants sont pour nous une telle communauté, une telle tradition... c'est une habitude due à notre sentiment d'appartenance... Pardon, je me suis mal exprimé.

MARIA : Ah bon... Du reste, c'est bien à cela que je m'attendais... le contraire m'aurait étonnée.

Bürstein se tait. Maria ne l'aide pas. La pause devient à nouveau gênante.

BÜRSTEIN : Non... c'était justement... justement cela que je voulais vous dire, que c'est une nécessité personnelle, très personnelle qui m'a poussé à venir vous voir ici... j'ai appris seulement hier soir, beaucoup trop tard, qui vous êtes...

MARIA : Excusez-moi de vous interrompre à nouveau... Qui suis-je donc ?...

BÜRSTEIN : Mais, chère Madame... je ne sais pas si vous connaissez la position que j'ai tenue auprès du maître. J'ai consacré toute ma vie à l'étude de son œuvre... à lui, à lui seul... je traque le moindre détail et toute personne qui a été proche de lui un jour est pour moi une révélation. Naturellement, quand j'ai entendu hier que vous étiez ici, mon premier mouvement a été de vous rendre visite... Votre présence est un événement pour moi, un événement incomparable.

MARIA : Selon vous, j'aurais donc été proche de Karl Amadeus Franck. C'est étrange ! Qu'est-ce qui vous le fait croire ?

BÜRSTEIN : Mais chère Madame... quelle modestie ! Moi qui connais bien sa vie... je sais... je sais l'importance...

MARIA : Ah bon ?... Vous savez ?... Et depuis quand le savez-vous ?

BÜRSTEIN, *bégayant* : Depuis... je le savais depuis longtemps bien sûr... par bribes seulement... je n'avais pas tous les éléments... je savais seulement... quelques généralités...

MARIA : Je vous le demande juste parce que – comme vous avez dû le supposer – j'ai lu votre biographie, plusieurs fois même, les quatre volumes... Elle est très... précise... c'est vraiment étonnant que vous ayez pu déterminer le jour de l'arrivée du chien et du perroquet de Karl, et le prix auquel il les a achetés… elle est très précise, oui… quand ça l'arrange. Mais je n'ai pas souvenir d'avoir trouvé dans toute l'œuvre une seule mention de ce que vous venez de me dire, à savoir que… j'aurais eu une certaine importance dans la vie de Karl Amadeus Franck. A moins que cela ne m'ait échappé à la lecture ?

BÜRSTEIN : La biographie… oh, je suis confus que vous en parliez… je suis le premier à savoir à quel point elle était imparfaite… je l'ai écrite à la hâte… ce n'était qu'une esquisse… je travaille depuis des années à l'œuvre véritable… c'est justement pour cette raison que vos éclaircissements m'importeraient infiniment, c'est pourquoi je m'adresse à vous…

MARIA : Pourquoi à moi ? Ce que je sais me concernant, Madame Leonore le sait aussi, elle que dans votre avant-propos vous célébrez avec verve comme le témoin impartial de sa vie. Qui sait si aujourd'hui je ne suis pas déjà partiale… si vous m'aviez interrogée il y a dix ou vingt ans… peut-être que là… mais vous ne m'avez pas envoyé une seule carte postale… Aujourd'hui je ne pourrais plus m'immiscer dans l'œuvre… qu'avec une certaine ambition. Je préfère rester l'étrangère, comme on m'a qualifiée hier. Non, cette biographie doit renoncer à mon concours, une fois pour toutes !

BÜRSTEIN : Je sais, après tout ce que vous me dites, qu'il serait vain de vous renouveler ma demande… j'ai commis une erreur irréparable en écrivant cette œuvre, qui contient quelques autres inexactitudes…

MARIA : Beaucoup d'autres… Monsieur Bürstein… Vous pouvez le dire : presque tout est faux.

BÜRSTEIN : Votre jugement – me fait honte. Mais je ne peux malheureusement pas le trouver injuste… je ne peux pas tout vous expliquer… pourquoi certaines injustices y ont trouvé leur place, je… je crois que moi-même je ne le comprends plus aujourd'hui. Je ne sais que trop bien que je ne puis espérer votre confiance, et c'était pour moi une… une démarche difficile que de venir vous voir aujourd'hui. Je savais que je me trouverais devant vous aussi honteux que je le suis maintenant, mais je l'ai fait… pour l'œuvre, pour l'œuvre future qu'est sa vie. J'espérais apprendre de votre part quelques… faits véritables dont je n'aurais pas encore eu connaissance…

MARIA : Que voulez-vous dire par faits véritables ? Je ne vous comprends pas tout à fait…

BÜRSTEIN : Est-ce qu'il ne resterait pas… des documents de la main de Karl Amadeus Franck… ou des lettres…

MARIA : Des lettres adressées à moi ?

BÜRSTEIN : Mais vous devez bien… pendant toutes ces années… il doit y en avoir des centaines ou plus…

MARIA : Je n'ai plus aucune lettre.

BÜRSTEIN, *agité* : Mon Dieu ! Vous les avez donc bien brûlées ? Oh, comment avez-vous pu… comment avez-vous pu faire ça… les lettres de Karl Amadeus Franck… ce devait être une splendeur !

MARIA : Qu'est-ce qui vous fait croire que j'aurais brûlé les lettres ?

BÜRSTEIN : Vous avez bien… écrit que…

MARIA, *se levant brusquement* : Je vous remercie, Monsieur Bürstein ! Vous n'êtes donc pas venu tout à fait en vain. En tout cas pas pour moi. Nous sommes désormais au clair tous les deux, vous et moi. Je sais pourquoi vous êtes venu, je sais ce que vous voulez. Nous n'avons plus besoin de jouer à cache-cache. Vous ou Leonore avez lu mes lettres à Karl, que j'ai exigé de récupérer à trois reprises après sa mort et dont on m'a raconté qu'il les avait détruites. Je sais désormais qui les a détruites. Tous les deux, vous connaissiez donc toute la vérité et vous l'avez falsifiée, comme vous avez falsifié ou plutôt – comme vous aimez à le dire – « idéalisé » toute la vie de Karl Amadeus Franck. Dans sa jalousie féroce elle m'a dupée avec une hardiesse inouïe, et maintenant elle tremble que je ne m'en rende compte et elle vous envoie chez moi. Les lettres ! Oui, les lettres, elles sont aujourd'hui toute votre angoisse et vous aimeriez bien savoir si elles ont effectivement été brûlées et si vous pouvez continuer à mentir en toute tranquillité. Voilà pourquoi vous êtes venu, Hermann Bürstein, c'est la seule raison.

Bürstein fait un mouvement.

MARIA : Je connais désormais ma partie. Et vous devez connaître la vôtre. Tranquillisez Madame Leonore, si vous pouvez, mais dites-lui que les lettres n'ont pas été brûlées ! J'ai menti une fois en promettant cela – j'en avais alors, pardieu, la louable intention, mais ensuite je n'en ai pas trouvé la force, mes mains s'y refusaient, et mon cœur aussi – mais vous avez menti cent fois en contrepartie. Non, les lettres n'ont pas été brûlées, Hermann Bürstein, je les ai encore, toutes, toutes, toutes ! Peut-être que dans une maison de grande tradition et de grands idéaux on brûle les lettres de Karl Amadeus Franck et qu'on expurge et falsifie ses journaux intimes – pour le peuple allemand bien sûr et pour Leonore Franck. Je ne l'ai jamais fait. J'ai été pauvre toute ma vie et je le suis restée. Des personnes qui ne faisaient pas confiance à un certain Monsieur Bürstein sont venues me trouver et m'ont proposé des liasses de billets contre des lettres ou des souvenirs, mais je les ai cachés, je me suis tue pendant trente ans et je préférerais mourir de faim plutôt que de vous les remettre ou de les remettre à d'autres. Plutôt donner ma misérable vie, que cela, qui fut autrefois toute ma vie. Je les ai toutes, il ne manque pas une ligne, pas un mot, pas une page blanche, je les ai toutes, toutes, toutes... (*elle se dirige vers sa valise, en sort une mallette et s'acharne dessus avec la clef, en tremblant de nervosité*) toutes, mais je préfère rendre mon dernier souffle que d'en livrer un seul mot, je brûlerais ma main plutôt qu'une seule de ces lettres. (*Elle a ouvert brusquement la mallette et jette les papiers sur la table.*) Les voilà... toutes, de la première, qu'il m'a écrite il y a quarante-quatre ans, jusqu'à la dernière, tracée au crayon à papier sur son lit de mort... je ne peux plus vraiment les lire... mes yeux sont trop fatigués, mais je les connais par cœur tellement je les ai lues souvent, toute seule, la nuit... je les sens avec mes doigts et je reconnais chacune d'entre elles... ah, mes lettres, mes enfants, mon seul bien !...

Voilà le cahier qui contient ses poèmes de jeunesse… le manuscrit de *Héro et Léandre*, dont vous avez faussement raconté qu'il l'avait détruit… le voilà, il me l'avait dédié, vous me l'avez volé… à moi… à moi !

BÜRSTEIN, *ébloui par l'effroi et l'extase* : *Héro et Léandre*… vous… vous avez le manuscrit… et des poèmes… inédits…

MARIA : Bas les pattes !… Ne les regardez pas !… Ne les approchez pas !… Cela m'appartient, à moi seule… Je ne vous en remettrai pas une seule ligne, pas une, rien que vous puissiez falsifier, découper et enrober de mensonges… n'en avez-vous donc pas assez ? Vous n'aurez pas ça, jamais, même si vous vous mettiez à genoux devant moi… vous m'avez trop piétinée…

BÜRSTEIN : Mais chère Madame…

MARIA : Rien… je me suis tue assez longtemps… vingt ans… je ne peux plus me taire, je dois le hurler… le monde doit l'entendre, le monde entier… j'ai détruit ma vie pour lui, j'ai ravagé mes yeux pendant les nuits, esquinté mes doigts par des travaux de couture, je me suis laissé bannir et j'ai vécu comme un chien là-bas, en Amérique… mais je ne me laisserai pas enterrer… vous m'avez crue morte parce que je me suis tue, et vous avez commencé à piétiner mon nom… vous m'avez spoliée… parce que je ne me suis pas défendue… mais cela, mon dernier bien, je ne me le ferai pas voler, pas ça…

BÜRSTEIN : Je vous en conjure… ce n'est pas ma faute…

MARIA : Ni la mienne, pardi… pardi… J'étais venue pour faire la paix… je voulais voir sa tombe une fois encore… et Friedrich… oh, je suis tellement fatiguée, je voulais juste me reposer dans cette pensée, un seul jour… mais elle m'a chassée du seuil, elle m'a bannie de la maison… elle qui m'a tout volé… lui et son œuvre… tout… et voilà qu'elle envoie encore le voleur jusque chez moi… Vous voulez m'acheter tout ça, n'est-ce pas ?… Ou me l'extorquer. Soyez tout miel avec cette vieille folle qui a tout donné et s'est tue, allez la flatter pour lui prendre ce qui lui reste… Mais je ne donnerai plus rien, espèces de canailles… plus rien !… J'en ai déjà trop donné à cette despote… beaucoup trop… ah…

Elle est prise de vertige et se tient à la table.

BÜRSTEIN, *bondissant pour la soutenir* : Calmez-vous s'il vous plaît… je comprends fort bien votre énervement… mais vous faites erreur…

MARIA, *respirant avec peine* : Merci, cela va déjà mieux… C'est stupide de ma part… mais il fallait que ça sorte… je me suis tue trop longtemps… bon, ça va maintenant… inutile de se disputer à ce sujet, je ne veux pas de dispute. Je ne veux que mon repos, mon ultime repos. Juste un petit peu de paix… laissez-moi s'il vous plaît… je vous remercie de vos efforts, mais vous voyez vous-même que cela n'aurait aucun sens… Vous dites que vous m'êtes étranger… mais diriez-vous aussi que ces lettres, le dernier bien que je possède, seraient en sécurité dans cette maison ? Le diriez-vous ?

Bürstein se tait.

MARIA : Répondez-moi… dites la vérité…

BÜRSTEIN : Je… crains que non.

MARIA, *inspirant profondément* : Je vous remercie d'avoir été sincère avec moi, du moins cette fois.

BÜRSTEIN, *après une pause* : Je ne vais pas vous retenir plus longtemps... mais permettez-moi... permettez-moi de dire encore ceci... j'ai mérité cette honte... je sais, j'ai toujours su que je... que nous avions abusé de la vie d'une autre... mais c'est justement pour cette raison que je dois tout vous dire... comment... comment cela a pu arriver... Je suis venu dans cette maison en tant que jeune étudiant, secrétaire... peu à peu, on m'a confié des tâches plus importantes... j'étais aveuglé de respect, enivré par la bonté... j'étais tellement comblé que l'on me tolère, et quand après sa mort on m'a confié sa biographie, j'ai fait tout ce qu'on m'a demandé... j'étais très confiant, je croyais agir justement. Ma défiance est venue plus tard, trop tard, car j'étais déjà impliqué... à vrai dire nous ne travaillions plus qu'à combler les vides, on ne pouvait pas revenir en arrière... et donc je n'ai jamais eu conscience du tort que nous avions fait à votre mémoire… c'est seulement hier, lorsque je vous ai vue, que j'ai entendu votre nom, que tout ce que je ne soupçonnais même plus s'est éclairé… c'est qu'on s'installe dans le mensonge… mais je me suis bien juré… assez. Aussi difficile cela soit-il, je vais recommencer mon travail et je ne prendrai plus sur moi de…

On frappe.

MARIA : Mais qui est-ce ? Entrez !

LA BONNE, *avec une carte de visite* : Ce Monsieur souhaite parler à Madame.

MARIA : Que se passe-t-il ? Je vivais depuis des années dans un cercueil, pour ainsi dire. Et voilà qu'on me déterre soudain. Johann est déjà venu ce matin, c'est lui qui m'a apporté ces roses, le brave homme, et maintenant… où est mon lorgnon ? (*Elle lit la carte de visite avec son lorgnon. Explosant de colère :*) Ah ! Le second messager… elle est pressée… très pressée ! Comme sa peur me fait du bien ! Elle aussi enfin, elle aussi ! (*A Bürstein :*) Et vous m'avez dit que vous étiez venu à l'insu de Leonore ! J'ai failli vous croire, folle et crédule comme je suis, mais je vois bien – un messager n'était pas suffisant. (*A la bonne* :) Faites-le entrer !

BÜRSTEIN : Je ne comprends pas ce que vous insinuez...

Scène II

FRIEDRICH *entre, apportant lui aussi des fleurs* : Chère Madame, je... (*Il aperçoit Bürstein. Tous deux sont stupéfaits.*) J'aurais cru...

BÜRSTEIN : Friedrich... comment se fait-il ?...

MARIA, *méfiante* : Vous n'aviez pas rendez-vous ?

FRIEDRICH : Non... pas du tout... au contraire... si j'avais imaginé... c'est... (*Il se perd à nouveau. Pose brusquement les fleurs sur la table avec l'air de vouloir partir.*) Excusez-moi de vous déranger... Je vois que j'arrive mal à propos... je ne soupçonnais pas, un rendez-vous ici... je me permettrai encore une fois de demander, avec votre autorisation, si je... quand je... Demain peut-être...

MARIA : Non… je vous en prie, restez… demain vous ne me trouverez plus ici, je serai déjà loin et pour toujours… Monsieur Bürstein et moi nous sommes déjà tout dit… il n'y a plus, je crois, de zone d'ombre entre nous…

Elle regarde Bürstein.

BÜRSTEIN : Absolument… absolument… je n'ai plus qu'à vous remercier d'avoir eu l'obligeance de me recevoir… je ne le méritais pas… (*Il adresse un regard hésitant à Friedrich.*) Friedrich… tu viens aujourd'hui, n'est-ce pas ? Grovik s'est annoncé…

FRIEDRICH : Non, je ne viens pas. J'ai des choses importantes à faire, je vous charge, s'il vous plaît, d'en informer ma mère.

BÜRSTEIN, *nerveux* : Assurément… assurément… (*Il cherche son chapeau.*) Je… je vous remercie encore, chère Madame… peut-être n'ai-je pas toujours réussi à m'exprimer… je vais me permettre de vous écrire… Gardez-moi votre… (*Se ressaisissant.*) Je vous remercie mille fois…

Il sort précipitamment.

Scène III

FRIEDRICH, *le suivant d'un regard étonné* : Bizarre… je ne l'ai jamais vu comme ça… il est toujours tellement sûr de lui, tellement à l'aise… Est-ce qu'il a… ?… Non, pardonnez-moi, je suis indiscret… pardonnez-moi… je… je…

MARIA : Ne voulez-vous pas vous asseoir ? Puis-je vous offrir un thé ?

FRIEDRICH : Oh, merci, merci ! Je n'ai pas l'intention de vous importuner longtemps, chère Madame, et je vous prie d'ailleurs de ne pas me tenir rigueur de cette visite impromptue… j'avais juste… juste besoin de vous remercier d'être venue spécialement pour ma lecture.

MARIA : Non… c'est à moi de vous remercier. Ce fut pour moi une soirée exceptionnelle, je n'espérais plus pouvoir la vivre un jour. Quand on vieillit, on reçoit tout ce qui est inattendu comme un cadeau… je me suis tout à coup retrouvée dans cette vieille maison à écouter votre œuvre… et maintenant je suis là, je me crois oubliée et perdue dans le monde, et vous venez, Friedrich Franck, me rendre visite… je ne saurais dire comme tout cela me touche étrangement et me fait en même temps du bien…

FRIEDRICH : Oui… je me sentais pressé de… j'avais… je voulais vous… (*Se levant soudain, véhément.*) Non ! Je ne veux pas prendre de détours avec vous. Même si vous trouvez cela ridicule, je dois être sincère. Vous avez dit tout à l'heure, lorsque Bürstein était là, que vous aviez l'impression que j'étais venu pour une raison précise – cela m'a troublé. Je n'ai… je n'ai aucune raison, aucune raison concrète, c'est l'agitation qui m'a poussé à venir, un certain besoin que je… que je ne saurais pas expliquer moi-même. C'est peut-être fou de le dire aussi franchement…

MARIA : Au contraire, vous ne pourriez rien me dire de plus aimable. Friedrich Franck. En effet, j'ai craint un instant qu'il n'y eût un rapport entre votre visite et la mission de Bürstein…

FRIEDRICH : Non… Non… ne me confondez pas s'il vous plaît… je n'ai pas la moindre idée de ce que Bürstein venait faire… je ne sais rien de toutes ces histoires, je sais juste… pour la première fois, qu'il y a des choses que l'on me cache… un secret qu'ils se gardent bien de me révéler… Et c'est justement la raison pour laquelle je voudrais savoir, je voudrais apprendre par vous… ce qui vous relie à ces… je voudrais savoir qui vous êtes.

MARIA : Qui… je… suis ?… Mon enfant, pas grand-chose ! Une vieille femme. Un morceau du passé. Quelque chose qui vit déjà plus là-bas qu'ici.

FRIEDRICH : Non, il y a en vous une force, une puissance vivace. On vous craint, on vous aime… je n'ai jamais vu Johann comme ça, sauf le jour où il s'est trouvé devant le cercueil de mon père… je n'ai jamais connu ma mère comme ça, elle qui sait toujours se maîtriser… et quand Bürstein est parti d'ici… vous avez un pouvoir sur tous ces gens, et il vient, je le sens, de mon père, c'est pourquoi vous avez aussi déjà un pouvoir sur moi, c'est ce qui m'a attiré ici… car sa vie est liée à la mienne, plus que vous ne l'imaginez… Qui êtes-vous ?… Qui étiez-vous ?… Je vous connais sans vous connaître… à peine étiez-vous entrée que votre visage m'a touché, il a surgi de mon enfance, d'abord vaguement, puis consciemment…

MARIA : Mais mon enfant, comment pourriez-vous vous souvenir de moi… cela fait plus de vingt ans que j'habite là-bas, de l'autre côté de l'océan…

FRIEDRICH : Et pourtant, je vous ai reconnue, l'enfant en moi vous a reconnue à partir de votre portrait. C'était une photographie dans un cadre doré, un tirage pâle, vous étiez en crinoline, les cheveux sombres, mais c'était bien votre visage. Elle était posée sur le bureau de mon père, comme je l'ai vue souvent, si souvent !

MARIA : Elle était posée… posée sur son bureau, dites-vous ?… Je… je ne savais… je n'espérais pas…

FRIEDRICH : Jusqu'à son dernier jour ! Combien de fois l'ai-je vue !

MARIA, *émue* : Ah bon !... Ah bon, quand même !... Je vous remercie, je vous remercie beaucoup, Friedrich Franck, de me l'avoir dit.

FRIEDRICH : Puis elle a disparu... puis vous avez aussi disparu de mes sensations... mais hier, lorsque vous êtes entrée et que je vous ai reconnue, je me suis revu sur les genoux de mon père... je me suis senti extrêmement proche de lui, sans savoir pourquoi... je ne sais rien de vous... à part votre nom...

MARIA : Ne vous ont-ils rien dit ?

FRIEDRICH : Rien... rien... pas un mot !

MARIA : Ils ne vous ont jamais parlé de moi ?... Et vous dites qu'il a gardé ma photo jusqu'à son dernier jour ?...

FRIEDRICH : Ils n'ont rien dit... et c'est pourquoi je ressens ce silence comme un défi, je sais que j'en ai besoin, de cette vérité... pour le comprendre, moi qui suis lui et en même temps ne le suis pas... dites-moi, dites-moi... qu'étiez-vous pour mon père ?

MARIA : Ce que j'étais pour votre père ?... Comment le dire ?... Le sait-on soi-même, ce qu'on est pour quelqu'un... c'est à la fois tellement... parfois peut-être un fardeau, un amour, une faute, une pression et un soutien... tout est tellement mêlé entre deux personnes, dans une vie... c'est à peine si on le sait soi-même... Puis un enfant arrive en levant les mains et il demande : Qu'étiez-vous pour mon père ?... Ce que j'étais pour lui ?... Peut-être beaucoup parfois, et parfois rien... il y a eu une époque... (*L'émotion l'empêche de continuer à parler, elle se dirige précipitamment vers la table, extrait un manuscrit des papiers qui y sont dispersés.*) Regarde... lis ça... C'est lui-même qui parle...

FRIEDRICH, *feuilletant le livre, de plus en plus excité, joyeux et en même temps dans une extase furieuse* : *Héro et Léandre*... son manuscrit ?... Le manuscrit de mon père ?... Vous l'avez... on m'avait dit qu'il l'avait détruit le jour de ses noces... comment ont-ils pu... ils m'ont dit... ils m'ont...

MARIA : Oui... que n'ont-ils pas dit !...

FRIEDRICH : Son manuscrit !... Retrouvé... il vit !... Il n'est pas détruit !... Chillon 1861... Chillon ?... Mon père a écrit cela à Chillon ?... Ils avaient dit à Florence... Un poème en introduction ?... Un poème que je ne connais pas ?... Dédié... dédié à vous... puis-je le lire... puis-je ?

MARIA, *appuyée contre le mur, les yeux fermés* : Lisez-le !... Lisez-le à voix haute... pour que je l'entende encore une fois avec votre... avec sa voix...

FRIEDRICH *commence à lire en tremblant* :

A Maria
Toi qui de mes plus jeunes heures
Accompagnas et les peines et les passions,
Toi qui m'aidas, dans la douleur,
A mettre au monde un rêve de création
Que cette première œuvre arrachée à la misère
Te soit consacrée dans la lumière :
Ma bien-aimée ! Ma mère ! Ma sœur !
A toi la gratitude éternelle de mon cœur !

MARIA, *répétant le dernier vers d'un air songeur* : A toi la gratitude éternelle de mon cœur !

FRIEDRICH, *sursautant* : Mais c'est… c'est une effroyable erreur… à vos dépens !… C'est à vous que *Héro et Léandre* est dédié ! Et moi, nous tous… le monde entier croyait qu'il s'adressait à ma mère… dès mon plus jeune âge je l'ai regardée comme celle qui avait vivement participé à la création de ce poème éternel… et c'est à vous qu'il s'adresse ! A vous ! (*Se levant d'un bond.*) Donnez-moi… donnez-moi le manuscrit ! Juste pour une heure ! Juste pour une heure !

MARIA : Mais pour quoi faire ?

FRIEDRICH : Je dois le leur montrer ! Il faut qu'ils le sachent !

MARIA : Mais – mon enfant !… Croyez-vous que votre mère… ne le sait… pas aussi bien… que moi…

FRIEDRICH : Elle savait… elle… le sait… et Bürstein aussi ? (*Explosant.*) Ce serait donc une supercherie ! Un mensonge criant. C'est ainsi… ainsi que l'on préserve la mémoire de mon père ? Ah, maintenant je comprends la peur, la terreur de ma mère !… Maintenant je sais tout… et en même temps je l'ai toujours su, toujours senti… ah, ah… tout s'éclaire enfin… mais comment ont-ils osé falsifier ainsi sa parole, sa parole vivante ?… Ecraser du pied une vie qui lui était chère…

MARIA : Oui, écraser du pied, Friedrich Franck, c'est le mot juste. Ils m'ont piétinée et écrasée vivante sous la terre, ils ont démoli la pierre tombale qui portait mon nom afin que personne ne sache qui j'étais… Mais vous devez savoir, vous, son fils, tout ce qu'ils ont caché… tout, tout… ces sombres et effroyables années… oh ces années des débuts, des soucis, des terribles… Nous avons passé des nuits d'hiver entières, dans une pièce glaciale… lui à son travail, moi à ma couture, jusqu'à ce que mes doigts s'engourdissent et que mes yeux se troublent. Nous avons vécu ainsi… pendant des années, pour gagner les quelques sous qui lui permettaient de poursuivre ses études… nous nous privions de nourriture pour réunir l'argent des examens, pfennig après pfennig… il a apporté ma dernière jupe au prêteur sur gages pour pouvoir jouer… Oh, il avait la lubie de vouloir devenir riche, de sortir de sa misère pour se consacrer librement à son œuvre… et ensuite quand j'ai touché le petit héritage de ma tante, nous nous sommes installés en Suisse, à Chillon, c'est là qu'il a été libre pour la première fois, là qu'il a écrit ses grandes œuvres… elles sont nées de mon sang, de mes nuits, ce sont mes enfants et… on me les a volées, ils m'ont écrasée comme une araignée, comme un animal repoussant, sale, d'un coup de balai ils m'ont fait sortir de son œuvre… de sa mémoire… ils m'ont chassée… chassée de la maison comme une étrangère…

FRIEDRICH : Mon Dieu… dans sa trilogie… ce personnage des nuits, l'ombre qui plane au-dessus de son bureau… le cliquetis des ciseaux dans son poème… ses vers les plus splendides…

MARIA : Ils me sont dédiés ! A moi ! Comme ces lettres ! Comme *Héro et Léandre* ! Et ils m'ont tout volé… tout ! Comme ils l'ont volé lui-même !

FRIEDRICH : Attendez… un instant… Laissez-moi reprendre mes esprits… tout se bouscule en moi… attendez. (*Il va et vient précipitamment, s'arrête brusquement.*) Mais comment avez-vous pu vous taire pendant tout ce temps ?... Et supporter cette supercherie ?

MARIA : Je me suis tue... parce que cela dépassait mon entendement... J'ai toujours cru, comme vous, que ce n'était pas possible... j'ai toujours espéré que quelqu'un se lèverait un jour pour demander : La vérité ! La vérité ! Au nom de la personne vivante !... Mais ils m'ont enterrée toujours plus profondément, ils n'ont cessé de m'ensevelir sous les mensonges, jusqu'à... ce que le dégoût m'étouffe... J'aurais dû crier à l'aide, mais je ne voulais pas... J'ai toujours cru que quelqu'un viendrait...

FRIEDRICH : Il est venu ! Aussi vrai que je vis et respire, il est venu ! Je ne connais ni père, ni mère, ni maison contre ce devoir qui est le mien... je veux être le fils d'un être humain et non pas d'une légende... aussi vrai que je vis et respire, vous allez ressusciter... Maria Folkenhof, je vais la payer, cette faute... Mais vous devez tout me dire, toute la vérité... je ne vous le demande plus, je l'exige désormais. Dites-moi tout, franchement : mon père vous a quittée ?

MARIA : Ne parlons pas de cela !

FRIEDRICH : Vous avez porté sa jeunesse, la misère, les années noires, et il vous a quittée dès qu'il a été libre ?

MARIA : Ne parlons pas de cela ! Vous êtes son fils. Je ne vous monterai pas contre lui.

FRIEDRICH : Mais j'ai besoin d'y voir clair. Pour moi. Je veux connaître l'homme dont je suis le fils : on me l'a caché, restituez-le-moi. Je sais qu'il a mal agi à votre égard…

MARIA : Voulez-vous être le juge de votre père ? Je ne veux pas être celle qui l'accuse. Jamais ! Jamais de la vie ! Je vois que vous ne l'aimez pas…

FRIEDRICH : Je l'ai aimé et je veux l'aimer – l'aimer comme je le vénère. Cela fait des années que je lutte pour lui et pour cet amour. Mais on a encombré mon chemin de mensonges et de légendes… on m'en a fait quelqu'un de trop élevé et d'étranger… Ne craignez pas de détruire son image avec une vérité… au contraire… je veux le reconnaître… je veux me reconnaître en lui, et peut-être… peut-être que je me reconnaîtrai plus clairement en lui avec une faute… Parlez, parlez-moi. Est-ce ma mère qui vous l'a enlevé ?

MARIA : Laissez donc votre mère ! Elle aussi l'a aimé.

FRIEDRICH : Non, je veux le savoir ! Pourquoi vous a-t-il quittée… de qui était-ce la faute ?

MARIA : Ne parlons pas de cela… Je ne veux pas !

FRIEDRICH : Si – je vous le demande ! Je le demande ! De qui est-ce la faute ?

MARIA, *agitée* : De qui est-ce la faute ?… A cause de qui il m'a quittée… De qui est-ce la faute… (*Se jetant brusquement sur lui.*) C'est la tienne !… C'est ta faute !

FRIEDRICH, *reculant et titubant* : Ma faute ?

MARIA : Ta faute !… Ta seule faute !… Quand ta mère est arrivée, j'ai tout de suite perçu sa volonté de fer, j'ai su que ce serait une lutte à la vie à la mort… Oh, les femmes se sentent dans l'homme qu'elles aiment… mais moi aussi j'étais forte autrefois… elle était plus jeune… moi, j'étais déjà l'ombre de sa pauvreté, et elle était riche, elle pouvait arracher à son angoisse l'artiste qui était en lui, lui donner ce qu'il désirait depuis sa jeunesse : la liberté de vivre… et elle a été courageuse et forte, elle a quitté son mari, a subi le mépris du monde… Oh, avec quelle grandeur elle s'est donnée à sa passion… Mais pourtant, Friedrich… mais pourtant, moi aussi j'étais forte, j'étais enracinée dans sa vie… jamais elle ne me l'aurait pris… jamais… jamais… jamais… et puis… tu es arrivé… et elle est devenue la plus forte… son droit était plus fort que le mien… c'est par toi qu'elle a vaincu, par toi seulement.

FRIEDRICH : Moi… c'était moi la faute… Et vous… n'êtes pas en colère contre moi ?

MARIA : En colère contre toi, Friedrich ?… Toi !… N'es-tu pas… n'as-tu jamais demandé… qui… qui t'avait porté sur les fonds baptismaux ?…

Friedrich la regarde.

MARIA : … jamais demandé pourquoi tu t'appelles Friedrich Marius ? Tu es aussi mon enfant… Ces mains t'ont porté sur les fonds baptismaux, ces vieilles mains…

FRIEDRICH : Vous m'avez porté sur les fonds baptismaux ?… Mais vous… Vous avez dit… que mon père vous avait quittée à cause de moi… comment pouviez-vous…

MARIA : Tout était entre nous plus étrange que ça ne l'est généralement entre les gens… ton père avait un immense pouvoir de bonté et de justice… Lorsqu'il m'a quittée, il ne voulait pas m'abandonner complètement… ta mère non plus ne voulait pas tout me prendre… Nous avons essayé amicalement de créer quelque chose qui dépasse la nature humaine, nous pensions qu'une relation, une unité était possible au-delà de la possession… il y avait de l'amour en nous et nous pensions que… une amitié pourrait naître… là où autrefois il y avait eu plus… Nous avons vécu ensemble, j'ai vécu un an dans votre maison après… Mais cela n'a pas marché… cela n'a pas marché… nous n'étions pas assez forts…

FRIEDRICH : Vous viviez chez nous ?... Oh, je sens... je comprends tout maintenant... comme tout est lié, les choses s'éclairent mutuellement... comme je sens sa vie dans le poème... Ces vers qui m'ont toujours été obscurs, ces vers à la femme abandonnée, l'accusation, le tourment, le désespoir qu'ils contiennent, comme je les vois aujourd'hui... Mais n'est-ce pas affreux de savoir ce qui est juste et de pouvoir commettre la faute, de sentir la souffrance d'autrui et d'en être soi-même à l'origine ?

MARIA : Peut-être ne sait-on ce qui est juste que quand on a causé un tort. Toute connaissance est précédée par une faute.

FRIEDRICH : Mais on doit la reconnaître, sinon on reste un menteur face à l'humanité ! Or il s'est complètement caché ; il s'est voilé derrière sa poésie, lorsqu'il était face aux gens c'était un masque mortuaire, beau mais en pierre. J'ai toujours su que ce n'était pas un visage humain et c'est la raison pour laquelle je ne pouvais plus l'aimer. Oh, comme je sentais tout ça, comme je le savais avec la sombre hostilité de mon sang, qu'il était grand, mais pas humain.

MARIA : Un artiste comme ton père ne pouvait jamais être tout à fait parmi les humains… il devait passer par-dessus. Nous avons peut-être souffert, mais son œuvre est une expiation. Rien n'est vain dans le monde de Dieu. Quelques-uns payent toujours pour ce que beaucoup reçoivent.

FRIEDRICH : Votre bonté le disculpe, vous êtes une femme. Mais je suis un homme et je veux la justice. Non pas que je sois plus pur… Qui comprend mieux que moi que l'on puisse être mauvais, misérable, lamentable alors qu'on veut le Bien ? Mais il a commis une faute et ne l'a pas payée… c'est mon héritage. Je veux être le premier à m'insurger contre lui…

MARIA : Mais Friedrich, mon enfant… tu es à peine informé et tu veux déjà te faire juge… tu es seulement passionné et non pas juste… tu sais, je vois, je sens en toi une sorte de haine à l'égard de ton père… (*Friedrich a un mouvement d'irritation.*) Non, pas de la haine… mais une sorte d'amour mutilé…

et c'est peut-être encore plus douloureux… pourquoi lui attribues-tu toute la faute de m'avoir quittée ?… Je ne le tolérerai pas, je ne veux pas de nouvelle légende… il y a toujours plusieurs coupables pour une faute.

FRIEDRICH : Pas vous !… Ceux qui deviennent malheureux sont toujours innocents… Vous n'êtes pas coupable…

MARIA : Peut-être pas vis-à-vis de lui, Friedrich… mais vis-à-vis de moi et de la vie… non, si je suis seule aujourd'hui, ce n'est pas sa faute, mais la mienne… je ne veux pas que tu sois injuste envers lui… je le soutiens, je ne te l'abandonnerai pas… plutôt me rendre moi-même !… (*Légèrement agitée, mais ferme intérieurement.*) Je suis une vieille femme, Friedrich, et je n'ai pas honte devant toi… je peux te parler car nous nous voyons pour la dernière fois, je te parle comme depuis ma mort… et tu dois aussi connaître ma faute… une faute que l'on ne s'avoue pas entre humains d'habitude… moi aussi j'ai été infidèle à la femme qui est en moi… j'aurais pu… j'aurais pu être mère… grâce à lui… bien avant que ta mère n'arrive nous aurions dû avoir un enfant... ton père et moi... et...

Elle s'interrompt. Friedrich a un mouvement.

MARIA : Tu me comprends... c'est ma faute, une faute que la vie ne vous rembourse pas... et ma faute de femme, de... mère... Je n'ai pas été aussi courageuse que la tienne, qui a tout risqué, le mépris et la honte, pour être la mère de son enfant... je redoutais une vie difficile... nous étions pauvres... j'avais peur. Mais la peur est une faute... ma faute indélébile...

FRIEDRICH : Vous venez de dire : « Il y a toujours plusieurs coupables pour une faute. » C'est par pure bonté que vous prenez celle-là à votre compte... vous l'avez fait par amour pour lui... par sacrifice pour lui... il l'a exigé...

MARIA : Il ne l'a jamais exigé... il ne m'a jamais dit...

FRIEDRICH : Mais il l'a voulu... Vous l'avez toujours senti et vous lui avez fait ce sacrifice... entre autres...

MARIA : Comme tu es dur ! Pourquoi veux-tu qu'il soit mauvais, ton père – je sens que tu le veux à tout prix, et je ne sais pas pourquoi. Veux-tu être le juge de ton père, d'un homme qui était si différent des autres – toujours grand lors même qu'il se trouvait indigne, toujours bon lors même qu'il s'accusait ?... Je savais, il est vrai, que cela le tourmentait, il était si las des soucis... tu ne peux pas le comprendre, toi qui as grandi dans l'insouciance matérielle... il aimait la liberté par-dessus tout, et les gens ne lui importaient que dans la mesure où ils vivaient pour lui et non pour eux-mêmes... mais c'était mon bonheur à moi, de ne vivre que pour lui, c'est pour cela que Dieu m'avait créée femme... et il avait besoin des gens, il les utilisait au profit de l'humanité... Non, Friedrich, cela t'est trop étranger, tu ne peux pas comprendre comme cela était mystérieusement lié chez lui... il n'hésitait devant aucun sacrifice pour son œuvre et il était lâche pour tous les petits désagréments de la vie... au nom de son œuvre... il se serait fait brûler vif et lapider pour sa foi, et il évitait douillettement la moindre contrariété... il aurait donné sa vie pour moi mais n'osait pas traverser la rue avec moi parce que j'étais connue comme couturière... il m'a cachée, c'est vrai, dans sa vie et dans son œuvre, mais qui a aimé comme lui ?... Toi, comment peux-tu le comprendre, enfant qui crois encore qu'il y a un monde entre le Bien et le Mal, entre le courage et la lâcheté, entre la vérité et le mensonge... alors que c'est juste un interstice, que l'on distingue à peine dans le noir... non, cette vie, tu ne peux pas la comprendre... tu es trop jeune... cela t'est étranger.

FRIEDRICH *qui s'est mis à trembler en écoutant ces paroles* : Etranger ? (*Dans un râle.*) Etranger, à moi ?... A moi ! (*Criant.*) A moi !... Etranger à moi !...

MARIA *s'approchant de lui :* Qu'est-ce que tu as ?

FRIEDRICH, *écartant les mains avec effroi* : Je... je me reconnais !... Honte à moi si je me reconnais en lui, non pas dans sa grandeur... mais là où il était petit, lâche et secret...

MARIA : Qu'est-ce qui t'arrive ?... Friedrich !... Friedrich !

FRIEDRICH : Maintenant… maintenant je le sens : je suis son fils… semblable à lui dans l'infamie, et moi qui essayais de lui ressembler dans sa grandeur !… Mais il est encore temps… encore temps… je peux encore…

MARIA : Friedrich… calme-toi… viens là…

FRIEDRICH, *se jetant à ses pieds* : Qui vous a envoyée jusqu'à moi ?… C'est un signe pour que je me connaisse… vous assez dissipé l'obscurité où je me trouvais… et comme je le savais au fond de moi ! A peine avez-vous ouvert la porte que je me suis senti attiré vers vous… j'ai senti une puissance en vous, la puissance de mon père, la puissance de ma propre vie… Oh comme tout devient clair en moi, comme je me comprends, en fils et en homme, coupable et innocent comme lui… écoutez, écoutez… je n'ai aucun secret pour vous… devant vous tout s'ouvre en moi, vis-à-vis d'une attitude maternelle… à vous je peux parler, librement… enfin librement… écoutez… j'ai quelqu'un dans cette ville qui m'est proche, comme vous l'étiez de mon père… en secret, car moi aussi j'ai cette peur dans le sang… cette infâme petite peur du regard des autres, de leurs paroles… de ma mère elle-même, et au lieu de me présenter devant elle en soutenant ma demoiselle, comme elle m'a toujours soutenu aux heures les plus difficiles… au lieu de cela je la cache… et cette femme… aujourd'hui elle est… elle aussi… bon, vous me comprenez… je ne le sais que depuis quelques jours et j'ai pris peur, au lieu d'être fier, heureux… je n'avais qu'un vœu muet, le même que mon père… elle voudrait… elle voudrait me l'épargner… Je ne l'ai jamais dit, mais maintenant, maintenant je le sais, je sais que je l'ai souhaité avec toute la force négative de ma peur… je n'ai pensé qu'à moi, à ma gêne… jamais à cette femme, pas une seule seconde, alors que j'écris peut-être des vers pleins de bonté et d'abnégation… oh, qui vous a envoyée pour que je comprenne enfin le monde, à travers votre présence, pour que je me reconnaisse dans le portrait de mon père ?… Comme je vois clairement que la faute plane au-dessus de ma tête… oh, comme je la sens, comme je suis reconnaissant, quelle grandeur et quelle bonté… comme je… oh, comme je vous suis reconnaissant…

MARIA, *qui a tendrement effleuré ses cheveux, fermant les yeux* : Comme je vous suis reconnaissante, moi !… Comme je te suis reconnaissante !… Redis-le encore… avec ta… avec sa voix.

FRIEDRICH : Comme… je… te… suis reconnaissant…

MARIA, *à voix basse* : Ah… comme je l'entends… cela faisait vingt ans que je n'avais pas entendu ces mots… Oh, comme tu es bon… tu es bon… (*Elle lui caresse à nouveau les cheveux.*) Mais veux-tu aussi m'écouter, Friedrich ?

FRIEDRICH : Oui… oui…

MARIA : Je sens bien qu'il y a un conflit entre toi et ton père… quelque chose en toi s'oppose à lui… et lui est en même temps semblable à tant d'égards… vous êtes si proches l'un de l'autre… Tu ne l'aimes pas.

FRIEDRICH : Je veux l'aimer et je sens... que j'y arrive pour la première fois. Les autres m'ont monté contre lui... et je le sentais si fort... maintenant que je sais... que lui aussi était coupable... maintenant je... je peux l'aimer à nouveau... à travers vous... à travers vous... et sa faute...

MARIA : Tu dois l'aimer... tel qu'il était, tel qu'il a toujours été... mais tu dois l'aimer par tes actes... par un acte... Ecoute-moi, Friedrich... je... je veux te dire quelque chose... je... je ne sais pas encore quel poète tu seras... mais cela sera extrêmement difficile d'être à sa hauteur, car il est grand, comme peut l'être un seul poète par génération... ton héritage est lourd... mais tu peux... tu peux être meilleur que lui... tu peux être meilleur vis-à-vis de cette femme que lui ne l'a été envers moi... c'est le seul moyen... le seul moyen de payer pour sa faute. Tu me comprends ?...

FRIEDRICH : Oui... oui...

MARIA : Sois courageux ! En étant craintive, j'ai été mauvaise... Tout est mauvais dans la peur... sois humain puisque tu as un être humain… aucun poème ne pèse autant qu'un être humain devant Dieu… le regret n'est jamais une négligence.. je te le dis au miroir de ma propre vie . ne laisse pas cette femme seule maintenant… un mauvais esprit habite les femmes dans ces moments-là…

FRIEDRICH : Non… je vous le jure… je ne veux me rendre coupable vis-à-vis de personne, je n'en ai pas l'intention… plutôt renoncer à l'œuvre, à l'art… je ne veux pas abandonner quelqu'un qui m'a soutenu dans les moments difficiles… et je n'ai pas peur… s'ils ne me l'autorisent pas je partirai… Oh, comme je hais cette maison et cette ville où je suis marqué par son nom… je ne veux pas y vivre plus longtemps, ni dans la légende… oh, je veux m'échapper de cette œuvre étrangère : il faut que je devienne moi-même… moi-même… que je parte… là-bas, avec vous… Vous devez me conseiller, vous qui savez tout sur tout… Vous allez me montrer le chemin… Vous serez une mère pour moi…

MARIA : Non, mon enfant, pas moi… je suis vieille et toi jeune… déjà pour ton père j'ai été trop une fois… je ne pourrais supporter de prendre à nouveau congé… pars tout seul… et libère-toi… c'est déjà beaucoup que ce moment m'ait été offert… rends cette femme heureuse, rends quelqu'un heureux, et je serai contente…

FRIEDRICH : Oui, c'était cela, juste cela, qui me tourmentait… je n'ai encore jamais rendu personne heureux, or c'est le sens de toute vie… qui sait si je suis capable comme mon père de donner à l'Infini la grandeur du sentiment… mais offrir un destin à un être est déjà beaucoup, c'est un salut, une libération… ah ! comme vous m'avez sauvé, de quelles horreurs vous m'avez préservé !… Je sens désormais mon père, enfin proche, impliqué et apparenté, pour la première fois je vois son cœur à travers la gloire… et je l'aime… je l'aime parce qu'il a été petit au milieu de sa grandeur et qu'il vous aimait… Oh, comme vous m'avez fait du bien ! Puissé-je vous dédommager, moi qui suis pour la première fois son héritier…

MARIA : Tu m'as déjà dédommagée, Friedrich… comme tout est bon, comme tout le passé est bon depuis que tu es bon avec moi… mais sois-le maintenant avec elle… elle qui a été bonne avec toi, donne-toi à une personne et tu auras déjà créé une œuvre… Mais parle-moi d'elle… je veux aller la voir… être encore une fois ce que j'ai été pour ton père… encore une fois, avant de partir… car cela aussi, cela aussi est un retour…

FRIEDRICH : Oui… venez… Oh, comme je vous remercie… mais parlez-moi d'abord, parlez-moi de mon père. Il est ressuscité en moi, et je suis moi-même ressuscité depuis que je le connais et que je me reconnais en lui… La légende que j'avais apprise s'est éteinte, la légende que j'avais apprise à contrecœur comme font les enfants contraints… je le sens désormais dans la vie, dans sa vie et dans la mienne… Oh, comme je l'aime !… Comme je l'aime !… Oh, parlez-moi, parlez-moi de lui…

ACTE III

La maison de Karl Amadeus Franck, la même pièce que dans le premier acte. Un domestique et une jeune fille déposent des bagages à l'extérieur, sous la surveillance de Johann.

Scène première

CLARISSA : Johann, tu veilles bien à ce que tout soit immédiatement transporté à la gare, n'est-ce pas ? Il ne faut pas que je rate le train.

LEONORE : Et quand bien même tu le raterais ! Il y en a un autre deux heures plus tard ! Cette hâte est un mystère pour moi, et presque une offense. Tu reviens enfin à la maison après des semaines et tu te dépêches de repartir aussitôt.

CLARISSA : Mais maman, tu sais bien que mon mari m'attend à la gare. Et les enfants !

Lothar toussait lorsque je suis partie, je suis très inquiète. Si cela n'avait pas été pour Friedrich, je n'aurais pas fait le voyage… D'ailleurs, où est Friedrich ? J'ai failli oublier… il faut que je lui fasse mes adieux.

LEONORE : Je suppose que c'est un besoin qui n'est pas partagé. Friedrich ne semble pas s'intéresser davantage à ta venue qu'à ton départ, de même que tout dans cette maison lui est devenu complètement indifférent. A cet égard, vous vous ressemblez beaucoup tous les deux : vous n'avez du temps que pour vous. Je n'ai pas pu te parler tranquillement un quart d'heure pendant ces deux jours.

CLARISSA : Mais maman, ce n'était pas ma faute. Ce n'est pas moi qui ai fait venir tous ces visiteurs, journalistes et photographes… On ne peut pas parler tranquillement dans un musée, or cette maison, tu le sens toi-même, appartient plus aux autres qu'à nous… Viens plutôt nous voir pendant les vacances, les enfants seront contents.

LEONORE : Et la maison, qui la gardera ? Le congrès est annoncé pour juin, les annales ne sont pas encore imprimées… qui va le faire, qui s'occupe de tout ? Moi ! Toujours moi ! Tu crois que Friedrich me soulage un tant soit peu, qu'il reçoit jamais une seule personne ? Bien au contraire, c'est toujours à moi de couvrir ses manières désobligeantes. Il tourne en rond dans les pièces comme un méchant loup, n'a pas la moindre parole aimable pour les invités. L'œuvre de son père lui est aussi indifférente que nous tous.

CLARISSA : Maman, comment peux-tu dire ça ! Comme tout artiste, il est intérieurement occupé avec lui-même et a suffisamment à faire à surmonter ses résistances. Et vous vous trompez tous en voulant faire de lui quelque chose qu'il ne veut pas, vous ne le laissez pas pousser tout droit, vous le pressez toujours pour qu'il entre dans le moule de son père. Même le plus fort des hommes en serait brisé.

LEONORE : Tu ne le connais pas. Il a changé ces deux dernières années.

CLARISSA : Je le comprends tout de même. Et j'arrive à lui parler parce qu'il sait que je ne veux ni le convaincre ni le dissuader de quoi que ce soit. Mais vous, Bürstein et toi, vous voulez le changer et vous ne sentez même pas qu'il vous a déjà échappé. Il veut vivre son avenir et non pas votre passé. Mais il en est toujours ainsi... d'abord, les enfants ne veulent pas lâcher leurs parents, puis c'est le contraire... Tu aurais dû voir la réaction de Lothar quand il a appris que j'allais partir en voyage... Oh, mon Dieu, il est déjà dix heures passées... je dois y aller... je n'ai plus le temps... mais où est donc Friedrich ?...

LEONORE *sonne* : Oui, vous n'avez pas le temps, tous autant que vous êtes vous n'avez jamais le temps...

Scène II

Entre Johann.

LEONORE : Johann, dis à Monsieur Friedrich de venir immédiatement. Sa sœur s'en va et ne peut attendre davantage.

JOHANN : Le jeune Monsieur n'est pas à la maison.

LEONORE : Tu vois… tu vois comme je le retiens… à dix heures du matin il prend son manteau et son chapeau et il disparaît… il ne lui vient même pas à l'esprit de me dire bonjour ou de prendre congé de sa sœur… Son égoïsme…

CLARISSA : Ne l'accuse pas, mère, ne l'accuse pas ! Pour ma part, je lui pardonne volontiers. Dis-lui seulement qu'il vienne bientôt nous voir et salue-le de ma part… Bon, il faut vraiment que j'y aille ! Ne m'accompagne pas, je t'en prie… il fait si froid en bas, dans le hall.

LEONORE : Jusqu'à la porte, alors. (*Elle l'accompagne.*) Bonne route !

CLARISSA : Adieu, maman !

Elle la prend dans ses bras et se sauve.

Scène III

LEONORE, *retournant sur ses pas* : Quand Monsieur Friedrich est-il sorti ?

JOHANN : Je n'ai pas encore vu le jeune Monsieur ce matin.

LEONORE : Qu'est-ce que cela veut dire ?... Quand lui as-tu apporté son petit déjeuner ?

JOHANN : Je... je... le jeune Monsieur n'était pas là ce matin pour le petit déjeuner.

LEONORE : Pas là ?... Qu'est-ce que c'est que ces discours tordus !... Cela veut-il dire qu'il n'a pas passé la nuit à la maison...

JOHANN : Je ne crois pas.

LEONORE : Je ne crois pas !... Qu'est-ce que cette manière encore !... Friedrich ne rentre pas à la maison et on ne m'en dit rien... personne... voilà qui est nouveau... Quand l'as-tu vu pour la dernière fois ?

JOHANN : Le jeune Monsieur est parti hier à midi et n'est pas rentré depuis.

LEONORE : Et tu ne m'en informes pas ?

JOHANN : J'avais oublié... je...

LEONORE : Tu oublies tout... ou tu veux oublier... si tu es trop vieux pour te rappeler ce que tu dois faire ou que tu penses pouvoir le décider toi-même, eh bien... eh bien… je ne le tolère pas… Dès que Friedrich arrive, tu me l'envoies ici. (*Elle va et vient, énervée. Johann est immobile, il attend.*) Qu'y a-t-il… qu'est-ce que tu as encore ?

JOHANN : Je voulais dire quelque chose à Madame… pardon… mais je préfère le dire une autre fois… Madame est énervée.

LEONORE, *s'immobilisant* : Non ! Pas du tout. Qu'est-ce que tu as, Johann ?

JOHANN : Madame ne doit pas m'en vouloir… Je prie Madame de ne pas se fâcher… Madame a raison de… ma tête n'est plus très alerte, je le sens bien… cela a fait quarante ans avant-hier que je suis entré au service de Madame et de Monsieur son père… sous peu j'aurai soixante-dix ans… je voulais déjà en parler à Madame avant-hier… mais je voulais être présent pour la première soirée de Monsieur Friedrich.

LEONORE : Tu ne veux quand même pas partir, Johann ?

JOHANN : Je vois bien que cela ne va plus… tout m'est si difficile… parfois je m'assoupis lorsque je suis assis, c'est qu'on vieillit… Madame voit bien elle-même, et le jeune Monsieur n'a plus besoin de moi… je veux naturellement rester dans cette ville et continuer à venir pour les grandes soirées… mais ainsi, je crois que ce n'est plus possible.

LEONORE : Mais Johann ! Je me suis montrée un peu désagréable avec toi hier, c'est vrai, mais tu sais bien que je ne le pensais pas… il m'arrive tant de choses en même temps… tu as raison, je n'aurais pas dû oublier ce jour… quarante ans !… Tu vois, j'oublie aussi… mais ce n'est pas une raison, Johann !

JOHANN : Non, Madame ne doit pas penser… je sens juste que je suis vieux et que je ne vaux plus grand-chose… il ne faut pas attendre qu'on vous le dise. On est toujours le mieux placé pour savoir quand on commence à être une gêne pour les autres…

LEONORE : On est toujours le mieux placé pour savoir… (*Elle soupire.*) Tu as peut-être raison, plus que tu ne crois. On doit savoir s'arrêter à temps, c'est tout un art… Mais en attendant, il n'y a pas d'urgence pour toi. Nous en reparlerons. Crois-moi,

Johann, j'ai du mal – je ne peux vraiment pas imaginer la maison sans toi… reste encore quelques jours, tout me pèse tellement en ce moment… nous verrons ensuite… encore quelques jours…

JOHANN : Mais certainement, certainement, Madame ! Ce sera difficile pour moi aussi. Quand je pense…

Scène IV

Bürstein arrive lentement, très calmement. Il a une expression singulièrement grave et presque solennelle.

LEONORE, *redevenant aussitôt énergique* : Vous voilà, Bürstein ! Enfin ! Vous êtes introuvable depuis hier midi, invisible. J'étais toute seule à table avec Grovik, même Monsieur mon fils n'a pas daigné venir. C'était extrêmement gênant, je ne savais pas quoi dire. Mais vous êtes ainsi. Tout le monde part quand on en a besoin… tout le monde me laisse… et Johann qui vient de me dire qu'il veut me quitter.

BÜRSTEIN : Mais Johann ! Que se passe-t-il ?

JOHANN : J'aurai bientôt soixante-dix ans… cela a fait quarante ans avant-hier que je suis dans la maison… on se dit…

BÜRSTEIN : Soixante-dix ans ! Tu ne les fais pas. C'est étrange, sur les autres cela ne se voit jamais, c'est juste sur soi qu'on voit que le temps passe… mais est-ce vraiment nécessaire ?… Ce serait dommage… la maison sans le vieux Johann !

JOHANN : Il faudra bien que ça arrive un jour… et de préférence au bon moment.

BÜRSTEIN : Quel dommage… bon, nous resterons néanmoins bons amis (*lui tendant la main*), mon bon vieux Johann.

JOHANN : Certainement, Monsieur… oh, certainement…

LEONORE : Quand Friedrich arrive, tu me l'envoies immédiatement, n'est-ce pas.

JOHANN : Oui, Madame.

Il se retire.

Scène V

BÜRSTEIN, *le regardant partir* : Dommage ! Vraiment dommage ! C'est comme si un pan de mur tombait de la maison... quel dommage !

LEONORE : Et je ne peux même pas lui en tenir rigueur. Il est vieux, plus bon à grand-chose, et il ne voudrait pas que je le garde par charité. Cet être simple et discret m'a dit une parole bien juste : « On est soi-même le mieux placé pour savoir quand on commence à être une gêne pour les autres. » Je le comprends si bien, je sens aussi ce que c'est que de voir tout devenir étranger autour de soi... la maison se vide de plus en plus, se refroidit... elle se transforme vraiment en musée, comme Clarissa me l'a dit aujourd'hui, des pièces remplies de choses mortes... et peut-être qu'on est soi-même mort avec elles, d'une certaine façon, mais qu'on ne le sait pas... Mais laissons cela, il y a des choses plus importantes que moi... Ecoutez, Bürstein, Friedrich n'est pas rentré à la maison aujourd'hui, je ne l'ai plus revu depuis la soirée. Je ne sais plus ce qui se passe en lui, mais je sens que sa rébellion contre moi devient de plus en plus véhémente, elle dépasse toute convenance. Savez-vous par hasard où il est ? Lui avez-vous parlé ?

BÜRSTEIN : Oui… hier.

LEONORE : Hier ? Il n'est pas rentré à la maison.

BÜRSTEIN : Pas ici.

LEONORE : Mais où donc ?

BÜRSTEIN : Chez… Madame Folkenhof.

LEONORE : Vous… vous êtes allé chez la Folkenhof ?… Et lui aussi !… Qu'est-ce que cela signifie ?… Vous allez ensemble chez cette personne… sans m'en dire un mot ?…

BÜRSTEIN : Nous n'y sommes pas allés ensemble, mais poussé chacun par une impulsion… nous étions tous les deux surpris de nous rencontrer chez elle.

LEONORE : Surpris !… Je veux bien le croire… Je le suis moi aussi, très surprise ! Pour parler poliment… mon fils chez cette personne… et vous… j'ai tout de même le droit de vous demander ce qui vous y a poussé…

BÜRSTEIN : J'y suis allé dans votre – dans notre intérêt. Vous savez bien ce dont il s'agit.

LEONORE : Des lettres ?

BÜRSTEIN : Oui.

LEONORE, *se maîtrisant, après une pause* : Elles ont bien été brûlées ?

BÜRSTEIN : Non…

LEONORE : Elles n'ont pas été brûlées ?

BÜRSTEIN : Non, absolument pas.

LEONORE : J'ai dit cela parce que vous manifestiez une telle peur.

BÜRSTEIN : Je les ai même eues entre les mains. Des centaines de lettres…

LEONORE, *après une pause* : Elle ne vous les a pas données ?

BÜRSTEIN : Non ! Je la comprends, du reste. Nous n'avons pas fait grand-chose pour gagner sa confiance.

LEONORE, *allant et venant* : Bon, eh bien tant pis… Elles ne doivent pas être si importantes que ça… qu'elle fasse ce qu'elle veut. Karl n'a jamais écrit que des lettres très brèves... ça ne doit pas être si important.

BÜRSTEIN : Je ne peux malheureusement pas partager votre espoir. Je crois que ces lettres sont d'une importance considérable, je crois même... que nous devons craindre leur publication... (*Après une pause.*) Elle a également des poèmes de jeunesse de Karl, et... le manuscrit de *Héro et Léandre*...

LEONORE, *sursautant* : Le manuscrit de... *Héro et Léandre*... ce n'est pas possible... Karl disait l'avoir brûlé...

BÜRSTEIN : Je l'ai pourtant eu entre les mains.

LEONORE : Mais il disait...

BÜRSTEIN : Je crois... pardonnez-moi, Madame Leonore... que... c'est difficile à dire... Karl n'a pas été tout à fait sincère avec vous sur ce point... ses relations épistolaires avec Madame Folkenhof semblent aussi avoir duré plus longtemps que nous ne pensions... C'est pourquoi je pense que la publication apportera quelques surprises... mais pas seulement pour le monde... pour nous aussi, je le crains. Je ne soupçonnais rien de tout cela… certes il y avait encore la dédicace dans l'exemplaire corrigé que nous… bon, qui n'existe plus… mais je crois qu'il y a encore beaucoup, beaucoup de choses dans les lettres qui… qui seront gênantes pour nous…

LEONORE *va et vient avec agitation. S'arrête soudain. D'une voix toute cassée et différente* : Que devons-nous faire, Bürstein, dites-moi, que devons-nous faire ?… Aidez-moi, je suis tout embrouillée !… On m'attaque de tous les côtés… Que devons-nous faire ?

BÜRSTEIN : Ecoutez, Madame Leonore ! J'ai réfléchi à tout. Mais venez d'abord vous asseoir à côté de moi, calmez-vous, laissons la passion de côté. Notre situation est défavorable, je vous le dis franchement. Vous avez essayé quelque chose de surhumain, vous avez voulu montrer ce grand homme, Karl Amadeus Franck, que nous aimions tous deux passionnément, parce que nous le connaissions de près, vous avez voulu le montrer au monde… non pas tel qu'il était, mais tel que vous le voyiez à travers votre amour, tel que vous vouliez que son peuple le voie. Nous avons idéalisé certaines choses... le monde qualifiera nos actes en des termes plus durs... mais je sais que c'est par amour pour lui que vous avez fait tout cela...

LEONORE : Et pour Friedrich. Je voulais qu'il puisse regarder son père comme un modèle irréprochable.

BÜRSTEIN : Vous avez créé la légende d'une vie... nous parlons librement désormais... et aujourd'hui la vie est plus forte que la légende. Depuis vingt-cinq ans j'admire votre énergie, votre force inébranlable. Mais elle ne s'est jamais trouvée face à un plus grand devoir. La force n'a jamais été aussi utile qu'en cet instant. Prenez votre courage à deux mains... et cédez.

Leonore a un mouvement de mauvaise humeur.

BÜRSTEIN : Notre faute est grave. Nous avons déformé des faits et menti...

LEONORE : Je n'ai jamais menti !

BÜRSTEIN : Bon, alors j'ai menti sous votre patronage. N'espérez pas que le monde fasse des distinctions aussi fines. Nous sommes embourbés dans la même histoire. Quand les morts ressuscitent, le Jugement dernier approche. Et Maria Folkenhof est ressuscitée.

LEONORE, *après une pause* : Bon... vous voyez que je vous écoute calmement... Que devrions-nous faire, d'après vous ?...

BÜRSTEIN : Vous devez aller la voir...

LEONORE : Moi ?

BÜRSTEIN : Oui ! Nulle autre que vous ! Et vous devez faire la paix. Ne laissons pas une passion détruire la légende, détruisons-la plutôt nous-mêmes en rendant justice. Si l'aveu vient de nous à temps, notre attitude sera encore passablement... passablement excusable. Nous pouvons dire que des raisons de discrétion et d'égard pour des personnes vivantes nous ont empêchés de restituer de manière parfaitement authentique la vie de Karl Amadeus Franck, mais que maintenant que l'autorisation nous a été accordée et que nous disposons de nouveaux éléments nous sommes en mesure... ou quelque chose comme ça. Mais dans ce cas, Madame Leonore, nous devons tout refaire complètement. Et sans honte, sans...

jalousie. En toute vérité. Sans le moindre égard pour nous et pour le monde. Et je vous avoue que le jour où je pourrai faire pilonner ma biographie et commencer la nouvelle sera pour moi un jour heureux.

LEONORE : Nous n'en sommes pas là. Croyez-vous qu'elle va nous donner les lettres ? Elle ne nous laissera jamais une seule ligne. Jamais !

BÜRSTEIN : Je ne sais pas. Mais vous avez le devoir d'essayer et, surtout, le devoir de présenter des excuses. Au risque de vous dire quelque chose de désagréable... la rencontre d'hier m'a beaucoup ébranlé et lorsque, la nuit suivante, j'ai regardé mes notes j'ai compris ce que nous avions fait et toute la souffrance qu'elle a dû endurer à cause de nous. C'est presque surhumain qu'elle se soit tue aussi longtemps et qu'elle nous ait – épargnés... oui, je ne vois pas d'autre mot. C'est pour cela que vous devez céder et faire la paix. Vous avez toujours été rapide et audacieuse face aux grandes décisions. Soyez-le encore pour cette fois et abandonnez votre fierté.

LEONORE : Ce n'est pas ma fierté... c'est à cause de Karl que je ne peux pas faire ça. J'ai construit cette vie telle qu'il aurait souhaité la vivre. J'ai moi-même vécu pour que sa nation le voie tel qu'il était au plus profond de lui-même, malgré tout. Je voulais que les aspects plus petits de sa personne meurent avec nous et que sa nature profonde vive dans l'œuvre et... comme vous dites... dans une noble légende, que Karl Amadeus Franck évoque une grande et rare pureté, y compris dans sa manière de vivre. J'en assume la responsabilité et je ne lâcherai rien. Je veux laisser cette image de pureté au monde jusqu'à mon dernier souffle, non, ils ne doivent pas savoir le reste, parce qu'ils l'auraient hors du contexte... doit-il passer pour un joueur de casino ?... Pour un être cupide éternellement accroché à l'argent, éternellement soucieux de sa sécurité ?... Quand je pense qu'il s'est fait entretenir par cette couturière pendant dix ans...

BÜRSTEIN : Vous et votre arrogance ! Votre éternelle haine ! Vous êtes bien placée pour savoir que Karl a toujours vécu de l'argent des autres… ou croyez-vous vraiment que l'argent de la banque de votre père était plus pur aux yeux de Dieu que les sous de cette femme ? Vous savez que Karl aurait vendu son âme plutôt que son travail, que tous les gens, même les plus proches, devaient servir son travail et se sacrifier pour lui… mais cette liberté était sacrée pour lui, la liberté de l'œuvre, et dans un sens très noble, qui excuse tout. Non, Madame Leonore, vous ne vous battez plus que pour vous, pour votre jalousie, afin qu'on n'apprenne pas qu'il vivait entre vous deux, et je vous dis que vous allez perdre le combat. Il vaut mieux que l'on apprenne tout par vous que malgré vous. C'est pour ça que vous devez céder, faites la paix !

LEONORE : Et si elle ne me donne pas les lettres ?…

BÜRSTEIN : Eh bien réclamez-les-lui ! Laissez-lui cette fierté. Vous en avez eu assez, assez de triomphes, assez d'amour, assez de gloire… cédez maintenant. Sinon tout est perdu.

LEONORE : Pas encore ! Vous vous trompez. Je ne livre pas si facilement l'œuvre de ma vie. J'ai les droits d'auteur... personne n'a le droit de publier sans mon autorisation des lettres inédites de Karl... je les ferai confisquer... j'en ai le droit.

BÜRSTEIN : Pendant dix ans... pendant vingt ans... et ensuite, qui défendra votre nom, votre honneur sali ?... (*Il se lève soudain.*) D'ailleurs, nous voulions être tout à fait sincères, Madame Leonore. Et je vous dis qu'il y a... encore un témoin en plus de ces lettres. Même si un incendie les détruisait maintenant, vous ne seriez pas seulement contre Maria Folkenhof, mais aussi contre moi. Je ne vous suis plus. Ce matin, avant de venir vous voir, j'ai déjà donné l'ordre de retirer la nouvelle édition de la circulation. Si je vous ai aidée à construire la légende, je veux maintenant la détruire. Cela doit finir un jour... Dieu me vienne en aide, je ne peux faire autrement.

LEONORE : Donc vous aussi, Bürstein... vous êtes contre moi !

BÜRSTEIN : Non, pas contre vous… mais pour l'œuvre. Je ne peux participer plus longtemps à cette… idéalisation depuis que je sais qu'elle a pratiquement brisé une vie. Je n'ai plus envie d'écrire dans la pénombre comme un voleur qui a toujours peur de se faire surprendre, et je serai enfin serein le jour où je pourrai dire : j'ai commis un tort. Ne sentez-vous pas, Madame Leonore, que depuis sa mort cette maison était infectée par la crainte et le secret, ça sentait le moisi, le mensonge et les mauvais souvenirs… ce sera voluptueux de pouvoir enfin ouvrir les fenêtres. Et ce jeu de cache-cache vis-à-vis de Friedrich, la peur des témoins… ah, rappelez-vous comme nous tremblions toujours devant chaque allusion, comme nous avons été heureux de pouvoir acheter la correspondance avec Baptiste Schröder la veille de la vente aux enchères à Berlin… non, non, non, je ne veux plus trembler, je veux être libre, faire mon œuvre en homme libre et honnête, sans causer de tort à personne. Et nous serons plus libres l'un avec l'autre, nous ne serons plus comme des esclaves enchaînés par une faute commune... ah, nous pourrons enfin respirer... respirer... et lever sans crainte les yeux sur son portrait...

Scène VI

Entre Friedrich. Il est un peu pâle, mais très calme, sa nature habituellement nerveuse est toute rassemblée.

FRIEDRICH *:* Bonjour, mère. Bonjour, Bürstein.

BÜRSTEIN : Bonjour, Friedrich.

Leonore lui tourne le dos sans répondre.

FRIEDRICH : Qu'est-ce que tu as, ma mère ?

LEONORE, *sèchement* : Ton père, dont j'espère que tu admettras encore que c'était quelqu'un... puisque tu ne respectes plus personne d'autre... avait l'habitude, lorsqu'il s'absentait pour un repas, et *a fortiori* pour la nuit, de m'en informer.

FRIEDRICH : Mais Bürstein... je vous avais demandé de faire savoir à ma mère que je ne rentrais pas à la maison...

BÜRSTEIN : Ah oui... pardon !... J'ai complètement oublié de téléphoner... moi-même je ne suis pas rentré... très juste ! Très juste !... J'étais si occupé...

LEONORE : Oui, vous êtes tous étrangement occupés et occupés seulement de vous. Je le sens. Autrefois, j'avais aussi le droit de savoir où tu allais...

FRIEDRICH : Mais je ne vois aucune raison de le cacher. J'ai rendu visite à ma – marraine.

Leonore fait un mouvement.

FRIEDRICH : Je m'en suis d'autant plus fait un devoir qu'elle était venue exprès pour mon œuvre et... qu'elle n'avait pas été accueillie de manière particulièrement aimable dans cette maison...

LEONORE : C'est la première fois que tu assumes un devoir domestique...

FRIEDRICH : Je m'en suis fait un devoir, exactement, car je pensais honorer ainsi la mémoire de mon père, que rien ne tourmentait davantage, m'avez-vous toujours dit, que de savoir une personne offensée et inutilement offensée... Je crois du reste que nous ferions mieux de régler ces histoires sans nous énerver. Pour ma part, je m'y sens tout à fait disposé et j'y tiens parce que... parce que j'aurais quelques informations à te communiquer.

LEONORE : De la part de Madame Folkenhof, bien sûr...

FRIEDRICH : Absolument pas. Je ne me souviens pas qu'elle m'ait confié un quelconque message et surtout pas un message de haine comme tu le soupçonnes. Ces révélations me concernent seul. Il est vrai que la présence de cette... femme que j'estime beaucoup a contribué à plus d'un égard à m'éclairer. Je me sens conforté dans certaines choses que je ressentais confusément, j'éprouve pour la première fois un rapport pur et droit aux choses qui m'entourent... en particulier vis-à-vis de mon père. Cette femme extraordinaire...

LEONORE : Tu peux abréger ton introduction. De quoi s'agit-il ? Sois plus concis.

FRIEDRICH : J'aimerais que mes révélations ne rencontrent pas d'emblée ta résistance. Je voudrais te parler librement. Vous m'avez... je l'ai longtemps senti et maintenant je le sais... caché beaucoup de choses. Mais je vous en ai aussi caché beaucoup. Chacun avait ses petits secrets, et je crois que nous devrions essayer d'y mettre un terme. Donc, pour faire bref, comme tu le souhaites... je songe à me marier bientôt.

LEONORE, *sursautant* : Tu... c'est une plaisanterie ?

FRIEDRICH : Je n'ai jamais été aussi sérieux qu'aujourd'hui, et je te demande d'emblée de considérer cette résolution comme irrévocable.

LEONORE : Tu veux... te marier... tu... (*Elle réprime une explosion de colère. Après une pause, elle se ressaisit complètement et redevient froide.*) Je vois que depuis quelque temps tu prends tes décisions sans en référer à moi et que tu me trouves même gênante... mais pour l'instant ton indépendance ne s'exprime hélas que par des décisions... mais je ne veux pas en parler... puis-je juste... avec ta permission... te demander... avec qui tu songes si soudainement te marier ?

FRIEDRICH : Avec mademoiselle Kestner.

LEONORE, *sursautant* : Avec la Kestner.. le professeur de piano... la fille de...

FRIEDRICH : Personne n'est responsable de son père... en bien ou en mal.

LEONORE : Bürstein, vous entendez... (*Elle rit.*) Quelle maison de fous ! Quelle maison de fous ! Le fils de Karl Amadeus Franck avec... Une maison de fous !... Et ce ton irrévocable : « je veux »... « je vais »... « j'ai l'intention »... on ne me demande rien... on m'informe juste en passant, juste pour la forme... et il faut évidemment que ce soit tout de suite... à vingt-cinq ans on n'a évidemment pas le temps... il faut que ce soit tout de suite...

FRIEDRICH : Aussi vite que possible. Je n'ai pas l'intention d'hésiter.

LEONORE : L'intention... l'intention... mais je regrette, ces façons, ce rythme ne me conviennent pas... je ne peux pas me faire à ce choix et à cette assurance puérile... je ne le veux pas non plus... je vais aussi me permettre d'émettre des réserves... seulement je ne pense pas qu'à moi, mais aussi aux devoirs que nous imposent notre nom et notre position.

FRIEDRICH : C'est justement mon devoir qui m'oblige à prendre cette décision.

LEONORE : Tu as des obligations vis-à-vis de ton père… de ton nom… de nous… et non pas vis-à-vis… de cette personne…

FRIEDRICH : Je vais donc être très clair maintenant… dans cette maison précisément, devant vous… j'ai des obligations vis-à-vis de cette femme, des obligations morales… les seules qui contraignent… un homme d'honneur… à donner son nom à une femme…

LEONORE : Et tu… tu oses faire ça ?… Tu veux introduire… dans la maison… une telle… une telle personne ?… Tu l'oses ?…

FRIEDRICH : J'aurais peut-être eu du mal à le faire… avant-hier… hier encore… mais je n'hésite pas… depuis que je sais… que mon père a honoré ainsi ses obligations… alors même qu'il était déjà engagé ailleurs.

LEONORE, *reculant d'un bond, blême* : Qu'est-ce… qu'est-ce que tu veux dire ?

FRIEDRICH : Il n'est pas nécessaire de tout expliciter… Tu le sais… et maintenant je le sais aussi. Je crois... que nous nous comprenons...

LEONORE, *explosant* : Non ! Non ! Nous ne nous comprenons pas. Il y a des choses que je ne comprends pas parce que je ne veux pas les comprendre... et des comparaisons que je ne tolère pas. Cette maison est une loi : ton père l'a imprégnée, imprégnée de pureté, et je vais veiller dessus. Personne ne franchira ce seuil à moins de vivre selon son esprit et d'être digne de lui. Je n'ai rien d'autre que cet héritage, mais je le garderai... contre tout le monde, contre tout le monde... et de même que j'ai chassé cette femme hier parce qu'elle... de même je chasserai toute autre femme qui n'est pas digne de lui...

FRIEDRICH : Si cela veut dire...

LEONORE : Cela veut dire, très clairement, que cette... personne, la fille de cet ivrogne... ton... amie ne gérera jamais l'héritage de Karl Amadeus Franck et ne portera jamais son nom tant que je serai en vie. Que je n'abandonnerai pas ces pièces, que je ne partagerai pas cet héritage... je préfère le léguer à l'Etat, au peuple, à la nation, car cette maison n'est pas une construction de bois et de pierre, c'est un souvenir, une foi, le symbole d'une force morale. Je ne la donnerai pas à une… enfin, je la protégerai contre tous les… contre tous les…

BÜRSTEIN : Mais Madame Leonore…

LEONORE : Je regrette de ne porter aucun intérêt à votre protestation. Vous vous êtes décidé contre moi… je sais que je suis seule. Seule, mais droite ! Si on n'est pas pour moi, on est contre moi. Ici, il n'y a qu'un dedans et un dehors, on est fidèle ou infidèle. Je ne retiens personne, mais ceux qui sont du côté de l'œuvre doivent être avec moi. Ceux qui ne peuvent pas faire de sacrifice sont des étrangers ici. Je ne tolérerai personne qui ne vive pas selon la loi de cette maison…

FRIEDRICH : Cela veut dire… que tu me fermes la maison ?

LEONORE : Tu devras prendre ta décision. Elle ou moi !

FRIEDRICH : Je… t'ai dit… qu'elle était irrévocable… Et que tu me fermes cette maison… c'est presque aussi bien…

Leonore sursaute.

FRIEDRICH : Essayons quand même de parler calmement. Je veux dire… une décision qu'il m'était difficile de prendre m'est facilitée par la contrainte. Cc que tu disais à l'instant… je le ressens moi-même, depuis bien longtemps : je n'ai pas ma place ici. Peut-être pas pour toujours, mais pour l'instant. La maison me pèse, je ne peux pas travailler ici, l'air est… trop chargé… peut-être aussi trop pur… Un seul homme vit vraiment ici, et c'est mon père. Il n'y a plus de place pour un deuxième homme. Or je veux vivre ma vie, et ce n'est pas possible dans cette maison. Il est temps que je devienne enfin quelqu'un et que j'arrête d'être le fils de mon père…

LEONORE : Tu veux dire qu'en quittant la maison tu espères échapper à une obligation innée ? Oui, je vois depuis longtemps que la responsabilité vous oppresse tous, vous voulez échapper au devoir que vous impose votre nom. Vous voulez tous être libres... oui, libres ! Vous voulez vivre dans la légèreté et la gaieté en fuyant la responsabilité qu'impose son héritage. Tu veux juste garder le nom, ce grand nom célèbre, mais ni l'esprit qui l'anime, ni le devoir qu'il impose, ni le sacrifice... oui, vous le craignez tous, le sacrifice ! Vous ne voulez pas porter la vie de Karl Amadeus sur les épaules, sa grande, sa puissante vie... vous êtes lâches, insouciants, légers, et c'est la raison pour laquelle la maison vous oppresse, la seule raison.

FRIEDRICH : Je ne te contredirai pas complètement. Tu as peut-être raison : le nom m'oppresse, je me sens trop faible aujourd'hui pour endosser cette responsabilité. Il est trop grand pour mon œuvre. Mais c'est justement parce que j'aime ce nom que je m'en défais. Du moins pour le début, pour la période la plus difficile. Je publierai d'abord sous un nom étranger... je veux commencer dans l'obscurité, dans l'inconnu où lui a commencé. Et le jour où je sentirai que c'est le moment, je pourrai librement me réclamer de lui... si je ne le sens pas, j'aurai tout de même été fidèle à son esprit. Car je n'ai plus qu'une loi et c'est la sienne : le travail.

BÜRSTEIN *s'avance vers lui et lui serre la main* : C'est bien, Friedrich, que tu sois arrivé tout seul à cette décision. Je le sentais depuis longtemps, mais je ne pouvais pas te le dire. Je crois que tu es maintenant sur la bonne voie. Je n'ai jamais eu plus confiance en toi que maintenant.

LEONORE : Je vous en prie, ne vous gênez pas... félicitez-vous... c'est en effet un grand jour... une œuvre construite par Karl Amadeus Franck, et dans laquelle j'ai mis toute mon âme, tombe en ruine... tout le monde m'abandonne, l'un par indolence, l'autre pour une femme, le troisième à cause d'un scandale, d'une publication... personne ne pense à lui, à celui grâce auquel et pour lequel nous sommes tous là... mais faites ce que vous voulez... vivez pour votre folie... moi je vis pour l'idée... je gère l'œuvre.

BÜRSTEIN : L'œuvre se gère toute seule… elle n'a plus besoin de nous… et l'idée aussi se transforme… peut-être ne sommes-nous plus les bonnes personnes… Peut-être qu'une nouvelle génération la comprend déjà dans un autre sens… Friedrich a raison… il ne doit pas sacrifier sa vie au passé…

LEONORE, *avec passion* : On doit se sacrifier… se sacrifier à ce qu'on a aimé un jour… mais vous craignez le sacrifice, vous voulez votre petite sécurité… vous êtes avides de votre propre vie et vous redoutez les déformations et les révélations… c'est ça… vous vous sentez mal dès qu'il y a un danger, les rats quittent le navire… vous avez peur du dévouement… mais moi je reste… plus vous serez nombreux contre moi, plus je serai pour lui… jusqu'à mon dernier souffle… jusqu'à mon dernier souffle.

Scène VII

Johann entre, hésite un instant.

LEONORE : Qu'y a-t-il ?

JOHANN : Madame… Folkenhof fait demander si elle pourrait parler à Monsieur Bürstein.

BÜRSTEIN : Mais bien entendu… j'arrive.

Il s'apprête à y aller.

LEONORE : Non, restez… je libère les lieux… je vous en prie, ne vous dérangez pas… continuez à conspirer contre moi… faites comme chez vous… (*Elle se précipite vers la porte et s'arrête d'un coup.*) D'ailleurs non ! Ce n'est pas à moi de me défiler. Je ne fuis pas… Maria Folkenhof. Elle n'a qu'à venir. J'ai une dernière chose à lui dire… devant vous tous.

Bürstein a fait signe à Johann, qui sort aussitôt.

FRIEDRICH : Je te demande seulement, mère…

LEONORE : Et moi je te demande de considérer mes décisions comme aussi irrévocables que les tiennes. Je connais mon devoir et vous remercie de votre zèle quelque peu soudain.

Scène VIII

Maria Folkenhof est entrée.

Friedrich se précipite à sa rencontre et lui baise la main.

MARIA : Ah, Friedrich... c'est bien que tu sois là... bonjour, Monsieur Bürstein... je suis venue vous voir (*elle aperçoit Leonore, marque une pause*) et vous, Leonore, seulement si vous le souhaitez...

Leonore se tait.

FRIEDRICH : Prenez donc place... je vous en prie...

MARIA : Je te remercie... je me fatigue si facilement... du reste je ne resterai pas longtemps... j'ai juste une toute petite chose à dire à Monsieur Bürstein... mais c'est bien que je le dise devant vous tous. Je n'ai pas de secrets, et le seul que j'avais ne m'appartient plus. (*Pause.*) Je sais, Monsieur, que vous vous intéressez aux papiers de Karl Amadeus Franck qui sont encore en ma possession... ou qui l'étaient. Car je me sens tenue de vous dire que je m'en suis dessaisie.

BÜRSTEIN : Dessaisie !

MARIA : Oui, votre visite a été importante pour moi… plus que vous ne l'imaginez. J'avais vécu si longtemps avec ces souvenirs… sans jamais penser au-delà de moi-même. Tout cela m'était si proche et si personnel que je n'avais pas conscience qu'ils avaient aussi de la valeur pour d'autres… pour le monde… que c'était un bien et que j'avais l'obligation d'en disposer… C'est votre présence qui m'a rappelé qu'il était temps… on a toujours tendance à repousser ce genre de dispositions à plus tard, et la mort se rapproche… J'ai donc pris des dispositions. Je ne voulais pas les détruire… quant à les donner aux archives municipales, vous-même m'en avez dissuadée… je n'ai pas d'héritiers, ou seulement très lointains… je les ai donnés en dépôt, à son libre usage, à quelqu'un dont le destin et la nature m'offrent la garantie qu'ils seront gérés dans le bon sens… C'est une jeune femme qui habite dans cette ville, une demoiselle Kestner…

FRIEDRICH : Ma fiancée !

MARIA : Ah… je suis contente que tu la nommes si ouvertement… je lui ai rendu visite et elle m'a fait une excellente impression… et comme je n'avais aucun autre objet de valeur à donner à la fiancée de mon filleul, je lui ai légué cela en héritage. Je sais que vous en prendrez bien soin, dans l'esprit de Karl. Faites-en ce qui vous semble juste… je ne sais pas ce que ces souvenirs signifient pour le monde. Je sais juste ce qu'ils ont signifié pour moi.

FRIEDRICH : Oh, comme vous êtes bonne… comme je vous remercie de votre confiance… vous me faites plus plaisir en l'ayant donné à elle que si vous me l'aviez confié… ah, comme vous savez toujours m'obliger profondément. Combien je vous suis déjà reconnaissant…

BÜRSTEIN : Vous ne pouviez les confier à une meilleure personne… ils sont à l'abri entre les mains de Friedrich, qui sont meilleures que les miennes… en tout cas plus pures… nous avons tous (*il regarde Leonore*), tous lieu de vous être infiniment reconnaissants.

Leonore se tait, leur tournant toujours le dos.

MARIA, *se levant* : Bon, voilà qui est dit et qui est fait, et j'espère que c'était juste. Si je vous ai ainsi libérés d'un souci, j'en suis bien aise… je me sens moi-même déchargée d'une responsabilité. C'était le dernier souvenir du passé qui me restait encore attaché… j'ai fait de l'ordre dans le petit bout de vie qui me reste. J'ai tiré le trait final, quelqu'un d'autre mettra le point. Je me sens désormais légère, merveilleusement légère. Un instant, j'ai regretté hier d'être venue… le passé était si cruellement remonté… mais c'était la dernière vague. Je suis contente d'être venue. Et je suis contente… de partir en paix.

FRIEDRICH : Pourquoi voulez-vous partir tout de suite ?… Non, restez donc !… J'aurais tellement de choses à vous dire… j'ai pensé toute la nuit à ce dont je voudrais encore parler avec vous… il y a tellement de choses… je voudrais parcourir les pièces de mon père avec vous et que vous me racontiez sa jeunesse… tout ce que je ne sais pas encore et qui m'importe tant, au moment où je veux moi-même commencer, où je pars…

MARIA : Tu t'en vas, Friedrich… vraiment ?… Vraiment ?

LEONORE, *explosant soudain* : Oui, il s'en va… ils partent tous, lui, Bürstein et Johann… vous pouvez être contente !… Vous avez atteint votre but… c'est bien pour ça que vous êtes venue… Vous avez votre triomphe, votre vengeance… tout le monde m'abandonne… la maison se vide…

MARIA : Leonore… pourquoi tant de hargne ? J'aurais tellement aimé partir en paix… en paix pour toujours…

LEONORE : Faut-il encore que je vous remercie… comme eux… pour m'avoir pris tout ce qui me restait ?

MARIA : Je ne vous ai rien pris, Leonore !… S'il y en a une qui a pris quelque chose à l'autre, ce n'est pas moi… Dieu m'en soit témoin ! Vous m'avez… mais ne parlons pas de cela, mettons-y un terme. Je ne me suis pas plainte. Si je suis revenue aujourd'hui, c'est parce que je… Bürstein… d'ailleurs non : je veux être tout à fait sincère en cette dernière heure… j'aurais aussi pu écrire à Bürstein… mais j'aurais…

j'aurais bien aimé voir une fois la tombe qui est dans votre jardin... la tombe devant laquelle je n'ai pas eu le droit de me recueillir autrefois... tout cela était si loin... mais en vieillissant on s'attache à ses tombes... je voulais faire ça... et voir Friedrich... et... et j'espérais que nous puissions nous quitter en paix... A mon âge, les inimitiés n'ont plus aucun sens... on ne peut pas les emporter, et à quoi bon les laisser sur terre ?... J'espérais que nous pourrions reparler du passé en paix... et nous séparer autrement que... nous nous étions séparées autrefois...

Leonore se détourne avec émotion.

Bürstein pose légèrement la main sur l'épaule de Friedrich et lui fait signe de partir. Tous deux se retirent discrètement, de sorte que Maria et Leonore restent seules.

MARIA : Je suis la plus âgée de nous deux... je vous tends la main en premier. Je ne veux plus lutter. Je suis fatiguée. Et cela n'a plus aucun sens. Celui qui nous divisait n'est plus. Vous n'avez rien à craindre de moi, et moi rien de vous. Nous n'avons plus rien à nous prendre… mais beaucoup à nous donner.

LEONORE : Mon fils ? Pourquoi me l'avez-vous pris ?

MARIA : Ce n'est pas moi. C'est une autre qui le prend. C'était inévitable, tôt ou tard. Il faut le supporter… par amour. C'est ce qui m'a permis de tout supporter.

LEONORE : Mais cela… vous l'avez fait par vengeance ! Par haine !

MARIA : Non, Leonore… je n'ai plus de haine. Pas moi. Je n'ai dit aucune parole pour le persuader. Ce n'est pas moi, la vieille femme, mais la jeunesse qui le pousse. Je me sais innocente. Mais… même si je vous avais fait tort, aujourd'hui ou par le passé, consciemment ou non, Leonore… je vous demande pardon…

LEONORE : Mais non… certainement pas… non…

MARIA : J'ai souffert pendant vingt ans de ce qu'à l'époque nous ne nous étions pas serré la main en nous quittant… vous aussi peut-être. Je n'ai plus vingt années devant moi… mais ce qui me reste je veux le vivre en paix. Ce qui nous séparait... je l'aurai oublié, si vous le voulez, j'aurai oublié ces vingt-cinq années d'hostilité, à l'instant où je sortirai de cette maison qui fut tout mon malheur et tout votre bonheur.

LEONORE : Tout mon bonheur ? Cette maison ?

MARIA : Mais Leonorc... vous aviez lui... votre enfant... tout...

LEONORE : Moi ? Quand l'ai-je eu ?... Quand m'a-t-il appartenu ?... Où que j'aille dans la maison, je marchais à pas feutrés comme auprès d'un malade... il n'avait que le travail, le travail... il était perpétuellement agité, impatient... il me parlait comme un somnambule depuis le sommeil de son œuvre... jamais à moi vraiment... il était toujours avec ce qu'il avait perdu, jamais avec ce qu'il possédait... Oh, l'agitation de ces années, cette peur perpétuelle... on se sentait comme un gardien de prison auprès d'un prisonnier, tant l'envie de s'évader était forte en lui... on n'était jamais en sécurité avec lui, jamais je n'ai eu le sentiment de faire partie de sa vie, il ne savait rien des joies et des peines de ses proches... il ne creusait qu'à l'intérieur de lui, dans le puits de son travail... et je restais là, inutile et languissante, à me consumer vainement de tout mon amour, et lui ne le sentait pas... il ne sentait que ses propres sentiments... Heureuse ! Moi, heureuse !... Comment pouvait-on être heureuse à côté de lui, qui nous ignorait, qui ne sentait ni sa femme, ni son enfant, ni sa maison, ni ses animaux... mais seulement son travail, son travail, son travail... comment pouvait-on être heureuse à ses côtés !

MARIA : Plus tard, Leonore... dans le souvenir... quand on le voyait dans son œuvre... et qu'on l'embellissait pour soi-même... plus tard, Leonore !

LEONORE : Et c'est ce que vous m'enlevez maintenant... ce dernier bonheur, le souvenir pur... vous réveillez Karl tel qu'il était... vous ne me laissez pas le mort tel que je l'aimais... il doit paraître dans sa vérité, dans sa hideuse vérité !... Qu'ai-je fait durant ces vingt années ?... Je l'ai façonné tel que je le voyais au plus profond de mon âme… tel que je voulais qu'il fût… et tel qu'il était peut-être au plus profond de sa volonté… Qualifiez-moi de faussaire, de tricheuse… cet homme que je me suis créé est à moi, vous ne pouvez pas me le prendre… je puis encore être heureuse avec lui dans le souvenir, et d'année en année je le croyais de plus en plus mien… il m'était devenu vivant, il m'aimait comme je l'aimais… et voilà que tu arrives et me rends à nouveau horriblement consciente… et je l'ai toujours su, toujours, c'est pourquoi j'avais si peur de toi…

MARIA : De moi ?

LEONORE : Oh, ton silence… ton silence… tu ne savais pas à quel point il me torturait… il renfermait tant d'assurance, tant de calme, tant de grandeur, cependant que je construisais désespérément, sans fin… Oh, le pouvoir de ton silence ! Il se tenait derrière la maison comme une ombre, terrible et immense… et Karl le savait aussi, je sentais combien il t'admirait parce que tu te taisais, combien il t'aimait pour ton silence… et c'est pour cette raison que je te haïssais, de plus en plus, plus tu te taisais plus je te haïssais… et te défiais. J'espérais que tu te défendrais, que tu te battrais avec moi… j'avais toujours le sentiment de frapper une femme sans défense, et pourtant j'ai toujours su… qu'elle était plus forte que moi, plus sûre de son amour, plus libre dans ses sentiments… Oh, comme je t'ai haïe…

MARIA : Mais plus maintenant !… Leonore… n'est-ce pas, plus maintenant !

LEONORE : On hait toujours les gens à qui on fait du tort. Mais, Maria, je l'ai toujours su et… au milieu de ma haine je t'ai toujours admirée… je t'ai aimée… ta façon de supporter tout ça… ta grandeur… ton silence… Oui, Maria, pourquoi ne le dirais-je pas, maintenant ? Je t'ai admirée pour ta bonté…

MARIA : Et moi, Leonore… je t'ai admirée… pour ta force… pour ton amour passionné… pour la force de ta volonté.

LEONORE : Ne parle pas de ma force ! On n'est pas bon quand on est fort. Je suis devenue dure, une femme dure dans ma maison.

MARIA : Et moi, je suis fatiguée de ce que tu appelles ma bonté. On se fatigue dans le renoncement.

LEONORE : Nous avons vieilli, Maria, c'est tout. Nous avons vieilli différemment, mais nous avons toutes les deux vieilli. Nous sommes à égalité.

MARIA : Tu as un fils.

LEONORE : L'ai-je encore ? C'est le fils de son père. Il appartient à lui-même et à son œuvre. Il est déjà parti.

MARIA : Quelqu'un qu'on aime n'est jamais parti. L'amour est la présence éternelle. N'a-t-on pas davantage les gens lorsqu'ils nous quittent ?

LEONORE : Comme tu vois les choses avec grandeur et clarté ! Comme tu as un regard sage sur le monde ! Comme tu sais prendre congé de tout. C'est bizarre, tu n'étais pas comme ça autrefois.

MARIA : J'étais encore jeune. Que sait la jeunesse ?

LEONORE : Je suis vieille moi aussi, et je ne sais toujours pas. Puissé-je encore l'apprendre avec toi ! Tu es devenue si claire.

MARIA : Tu as passé trop de temps parmi les hommes. Moi, j'étais toute seule. On apprend plus facilement à renoncer. Et on préfère les souvenirs à la vie.

Toutes deux se taisent.

MARIA : Je te remercie, Leonore, de m'avoir laissée parler avec toi. Tout me sera maintenant plus facile… y compris ma dernière requête. Ne veux-tu… pas… m'accompagner… jusqu'à sa tombe… je veux dire que ce serait bien… que nous soyons réunies… là où nous avons été réunies dans la vie.

LEONORE : Très volontiers, Maria… très volontiers… (*Elles font quelques pas ensemble. Leonore s'arrête soudain.*) Maria… je dois te dire quelque chose : cela me fait du bien… que tu sois venue… et… que nous ayons pu parler… Curieusement, les autres ont senti tout de suite… qu'il était à nouveau là… lorsque tu es arrivée… Et maintenant je le sens aussi… je le sens à nouveau vraiment, comme je ne l'avais pas senti depuis des années… Tu l'as ramené, et grâce à ta clarté tout devient clair… je comprends maintenant à quel point je suis fatiguée… j'étais fatiguée depuis longtemps… fatiguée d'être si dure et de lutter avec acharnement… et je sais que c'est bien qu'il n'y ait plus de secret… Le monde n'a qu'à l'avoir maintenant, lui et mon fils, je ne retiens plus personne… on ne doit pas essayer de forcer la vie, elle est plus forte que nous finalement… Je te remercie, Maria, d'être venue… d'avoir fait la paix avec la maison… et… je voudrais te demander quelque chose… tu n'es plus en colère contre moi ?

MARIA : Mais Leonore, tu le sens bien…

LEONORE : Alors écoute-moi… Que veux-tu faire dans le monde ?… Tu n'as plus de foyer nulle part !… Tu n'es chez toi nulle part… sinon ici… Ici les choses te connaissent et elles t'aiment… et moi… je suis désormais toute seule… nous sommes seules toutes les deux… Friedrich est parti, ainsi que Bürstein et Johann… il n'y a plus que des souvenirs, et ils t'appartiennent autant qu'à moi… Que veux-tu faire dans le monde ?… Ne voudrais-tu pas rester ici… quelques semaines… c'est-à-dire, aussi longtemps que tu voudras… et nous pourrons parler toutes les deux… j'aspire tellement à la compagnie d'une personne devant laquelle je puisse parler librement de lui, sans artifice et sans peur… derrière la légende… en toute vérité. Et tu m'apprendras à vieillir… Calme, âgée et claire comme tu l'es… Dis-moi, Maria, veux-tu rester ici… veux-tu essayer encore une fois ?

MARIA, *lui tendant la main* : Avec plaisir, Leonore, avec grand plaisir !… Comme c'est étrange… j'ai toujours senti… qu'il nous réunirait encore une fois… comme il nous avait séparées…

LEONORE : Nous nous assoirons côte à côte, Maria… et parlerons de lui… pour nous… juste pour nous… Je comprends maintenant à quel point la légende que j'ai créée me l'avait rendu étranger… Oh, comme ce sera bon, de l'avoir à nouveau vraiment, lui que nous avions perdu en le livrant au monde…

MARIA : Au monde ? Que sait le monde d'une personne ?… Ce que nous savons les uns des autres, nous ne le savons que grâce à l'amour…

Elles s'approchent lentement de la porte en se tenant enlacées.

DU MÊME AUTEUR *(suite)*

Essais, biographies et écrits autobiographiques

AMERIGO, Belfond ; Corps 16 ; LGF.
L'AMOUR INQUIET, *Correspondance 1912-1942 avec Friderike Zweig*, Des Femmes.
BALZAC, Albin Michel ; LGF.
LE BRÉSIL, TERRE D'AVENIR, Éditions de l'Aube.
LE COMBAT AVEC LE DÉMON, Belfond ; LGF.
CONSCIENCE CONTRE VIOLENCE. Castellion contre Calvin, Castor Astral.
CORRESPONDANCE 1897-1919, Grasset, 2000.
CORRESPONDANCE 1920-1931, Grasset, 2003.
CORRESPONDANCE 1931-1936 *avec Richard Strauss*, Flammarion.
CORRESPONDANCE *avec Émile et Marthe Verhaeren*, Labor.
CORRESPONDANCE *avec Sigmund Freud*, Rivages.
ÉMILE VERHAEREN, *sa vie, son œuvre*, Belfond ; LGF.
ÉRASME, Grasset, « Cahiers Rouges » ; LGF.
ESSAIS, LGF.
LES GRANDES VIES (Fouché, Marie-Antoinette, Marie Stuart, Magellan), coll. « Bibliothèque Grasset », Grasset.
LA GUÉRISON PAR L'ESPRIT, Belfond ; LGF.
HOMMES ET DESTINS, Belfond.
JOSEPH FOUCHÉ, Grasset.
JOURNAUX, Belfond ; LGF.
MAGELLAN, Grasset.
MARIE-ANTOINETTE, Grasset.
MARIE STUART, Grasset.
LE MONDE D'HIER, Belfond ; LGF.

MONTAIGNE, PUF.
NIETZSCHE, Stock ; LGF.
SOUVENIRS ET RENCONTRES, Grasset, « Cahiers Rouges ».
LES TRÈS RICHES HEURES DE L'HUMANITÉ, Belfond.
TROIS MAÎTRES, Belfond ; LGF.
TROIS POÈTES DE LEUR VIE : STENDHAL, CASANOVA, TOLSTOÏ, Belfond ; LGF.

Composé par Nord Compo Multimédia
7, rue de Fives, 59650 Villeneuve-d'Ascq

Cet ouvrage a été imprimé en France
par CPI Bussière
à Saint-Amand-Montrond (Cher)
en octobre 2011

N° d'Édition : 16961. — N° d'Impression : 112961/4.
Dépôt légal : novembre 2011.

DU MÊME AUTEUR

Romans, nouvelles, théâtre

ADAM LUX, Publications de l'université de Rouen.
AMOK, Stock.
AMOK ou LE FOU DE MALAISIE, LGF.
L'AMOUR D'ERIKA EWALD, Belfond ; LGF.
BRÛLANT SECRET, Grasset, « Cahiers Rouges ».
LE CHANDELIER ENTERRÉ, Grasset, « Cahiers Rouges ».
CLARISSA, Belfond ; Corps 16 ; LGF.
LA CONFUSION DES SENTIMENTS, Stocks ; LGF.
DESTRUCTION D'UN CŒUR, Belfond ; Corps 16 ; LGF.
IVRESSE DE LA MÉTAMORPHOSE, Belfond ; LGF.
LE JOUEUR D'ÉCHECS, Stocks ; LGF ; À vue d'œil.
LA PEUR, Grasset, « Cahiers Rouges ».
LA PITIÉ DANGEREUSE, Grasset, « Cahiers Rouges ».
PRINTEMPS AU PRATER, LGF.
LES PRODIGES DE LA VIE, LGF.
ROMANS ET NOUVELLES, vol. 1, LGF.
ROMANS, NOUVELLES, THÉÂTRE, vol. 2, LGF.
UN CAPRICE DE BONAPARTE, Grasset, « Cahiers Rouges ».
UN MARIAGE À LYON, Belfond ; LGF.
VINGT-QUATRE HEURES DE LA VIE D'UNE FEMME, Stock ; LGF.
LE VOYAGE DANS LE PASSÉ, Grasset.
UN SOUPÇON LÉGITIME, Grasset.
WONDRAK, Belfond ; LGF.

Suite en fin de volume

LÉGENDE
D'UNE VIE